信
风

trade wind

春风有信，吹向认知彼岸

殿堂

—— 经济学大师的思想 ——

A SHORT HISTORY OF
ECONOMIC THOUGHT
———— 3rd edition ————

〔瑞典〕布·桑德林（Bo Sandelin）
〔德〕汉斯－米歇尔·特劳特温（Hans-Michael Trautwein）　著
〔德〕理查德·温达克（Richard Wundrak）

李黎力　熊多多　译

社会科学文献出版社
SOCIAL SCIENCES ACADEMIC PRESS (CHINA)

作者简介

布·桑德林（Bo Sandelin）

瑞典哥德堡大学（University of Gothenburg）经济学荣誉教授，经济思想史领域专家，主要研究资本理论，曾担任经济思想史顶级期刊《欧洲经济思想史杂志》（*European Journal of the History of Economic Thought*）和《经济思想史杂志》（*Journal of the History of Economic Thought*）编委。

汉斯－米歇尔·特劳特温（Hans-Michael Trautwein）

德国奥尔登堡大学（University of Oldenburg）国际经济学教授，著名经济思想史专家，主要研究宏观经济学史，曾担任欧洲经济思想史学会（European Society for the History of Economic Thought）主席、经济思想史顶级期刊《欧洲经济思想史杂志》（*European Journal of the History of Economic Thought*）主编。

理查德·温达克（Richard Wundrak）

德国格赖夫斯瓦尔德大学（University of Greifswald）教授，主要研究经济思想史。

译者简介

李黎力

中国人民大学经济学院副教授，中国人民大学中国经济史研究中心研究员。主要从事经济思想史领域的教学和科研工作，著有《明斯基经济思想研究》，译有《货币国定论》。

熊多多

杜克大学经济学系研究生，主要从事经济思想史领域的研究。

专家推介

这本精简小书，让人联想到牛津大学的"通识读本"丛书：请专家对选题用简洁文体，让读者掌握基本旨趣。本书原文从开头到索引末不到120页，竟然请三位作者联手，倒是首见。一页半不到的译者序简洁有力，显示本书的特点：短小精悍、全面扼要、经典引文、权威结晶。简洁的思想史入门书的优点在于，对初学者压力小，短时间内可掌握大要，边际学习效果既快又高。希望这本入门小书，能发挥开胃的前菜功能。

——台湾清华大学经济系退休教授　赖建诚

作为经济学的本科、研究生乃至教师，如果没好好地研读过经济思想史，不知道人类社会两千多年来经济思想的沿革和发展，就很难成为一个真正出色的经济学人。这本极简经济思想史对了解人类社会经济思想发展的大致脉络，会大有助益。因此，我强力推荐经济学专业的学生、青年教师乃至社会科学各界的学人，抽点时间认真研读一下这本小册子。

——复旦大学经济学院教授　韦森

简明扼要，寥寥数言概括某位经济学家或某种经济学流派的核心观点；视野开阔，涵盖正统与异端的主要流派；古今贯通，直达当代某些前沿经济学流派。通过阅读这本薄薄的小册子，可以提纲挈领地把握西方经济思想史演化的基本脉络，明白世界上不存在放之四海而皆准的经济学说，培养经济学多元主义思维，从旧有的学说中吸取教训，并为创造新理论提供灵感。

——中国人民大学经济学院教授　贾根良

如果说经济学模型是关于经济现实运行的地图，那么经济学史就是关于经济学演变脉络的地图。正如理解经济需要不同的经济学模型一样，了解经济学也需要不同的经济思想史。这本极简经济思想史提供的是一份经济学演变的入门级指南。

——中国人民大学经济学院副教授　李黎力

目 录

导　言

第一章　前古典经济思想：城邦与王国的秩序

第二章　古典政治经济学：财富增长和分配的密码

中文版序

　　"生命短暂，艺术长存"（*Ars longa*，*vita brevis*）是一句拉丁语古谚，意为"生有涯，而知无涯"。据说，这句谚语约有 2500 年的历史，在它诞生的时代，艺术与科学仍十分年轻，一般的知识体系也比现在小得多。有关经济思想最早的文献之一也诞生于同一时代，那正是一部来自中国的著作：《管子》。《管子》据传为春秋时期齐国宰相管仲（？～前645 年）所作，其中包含一个简单的价格波动理论，旨在建议国家统治者以逆周期的方式储存粮食，并将盐和铁垄断在政府手中。

　　在古代中国和古代西方，经济学还不是一门独立的科学学科。对经济问题的思考从属于对国家治理艺术的哲学、法律和行政思考。经济学在 250 年前才作为一门独立的学科出现：它最早诞生于欧洲，后来才在世界其他地方以"政治经济学"之名出现。大约 100 年前，这门学科被重新命名为"经济学"，因为它日益被认为是一种"社会物理学"，是理性决策者"对稀缺资源进行有效配置"的科学。从那时起，研究市场和政府主体在面临不同事物之间的权衡时如何做出或应该如何做出选择，一直是经济学家的首要任务。

　　"生有涯，而知无涯"，这一古老的智慧，实际上指的是一种基本的权衡，即使是经济学专业的学生也会面临这种权衡：我们的科学已经发展成为一个拥有不同学科、方法和进路的庞大知识领域，无论是在学术研究期间，抑或在以后的工作生活中，人们必须在短暂的时间内慎重选择学习什么和不学习什么。

我们的许多经济学家同行倾向于认为，掌握最新的形式化建模和计量经济学方法比研究过去经济学家（其中大多是已故经济学家）的思想要重要得多。然而，关于早期思想和事实的知识的用处也不应被低估。有关过去经济思想的主题与流派的知识，就如同一张地图，可以为我们理解当今世界的经济问题提供导航。正是本着这种精神，我们在大约 30 年前开始编写这本小书，并以瑞典语、英语和世界语多次修订再版。我们意识到大多数经济学学生可支配的时间相当有限，因此，我们尽可能地缩短了本书的篇幅。本书旨在充当一张西方经济思想演变的入门级路线图。读者可以将其作为背景阅读材料，用于理解以历史人物命名的关键经济学概念（如古诺均衡点、费雪效应或凯恩斯主义经济学）。对于那些认为经济思想史值得投入更多时间进行深入研究的读者，本书也可以充当一份提供进阶参考的初步指南。

听闻本书中文版即将面世，我们十分高兴。在此感谢出版社，同时更要感谢我们的译者李黎力副教授，承担了这项并不容易的工作。最后，我们应该提醒读者，我们编写的这部简史仅限于欧洲和北美的经济思想。从高效劳动分工的角度而言，所有关于中国和世界其他地区经济思想演变的介绍，将交由这些领域更为专业的学者书写。

汉斯－米歇尔·特劳特温、布·桑德林

译者序

我们翻译的这本小书，是一部出类拔萃的入门级经济思想史极简教材。自 1995 年首次出版以来，已接连出版 4 个瑞典语版、1 个世界语版以及 3 个英语版。在汗牛充栋的教材中，本书凭借以下四大特色和优势脱颖而出。

第一，短小精悍。原书仅仅 110 多页，简洁明了地梳理了经济思想发展的历史。相比于其他的大部头教材，本教材因其篇幅短小而更加受当今"快节奏"的所谓"应用经济学"时代的欢迎，适合各类经济学专业及其他专业作为经济学的入门读物。

第二，全面扼要。尽管篇幅很小，本教材却简明扼要、提纲挈领地厘清了经济思想从古至今的演变轨迹和发展脉络，较为全面地讨论了主流（正统）以及非主流（非正统）的重大学派及其变迁。因而，作为基础的经济思想史导论，本书可以为任何经济学课程提供一个导论性"指南"，而非仅仅面向经济思想史专业课程。

第三，经典引文。难能可贵的是，在这样短小的篇幅当中，本教材在阐述经济学家或经济学派的思想时，却有意识地引用了经典原著当中的著名段落和语句，恰到好处地将它们融入具体语境，有助于我们"原汁原味"地理解外国经济思想。

第四，权威结晶。本教材是三位经济思想史领域的专家共同合作的结晶，充分利用了各自在经济思想史具体领域的研究专长和研究成果。其中，布·桑德林（Bo Sandelin）为瑞典哥德堡大学经济学荣誉教授；汉斯－米歇尔·特劳特温（Hans-Michael Trautwein）为德国奥尔登堡大学国际经济学教授，曾担任欧洲经济思想史学会（ESHET）主席、经济思想史顶级期刊《欧洲经济思想史杂志》（*European Journal of the History of Economic Thought*，*EJHET*）主编；理查德·温达克（Richard Wundrak）为德国格赖夫斯瓦尔德大学教授。作为欧洲大陆经济思想史学家，他们在叙述欧洲大陆经济思想方面独树一帜。

　　总之，我们认为，在 10 万字以下篇幅的经济思想史领域专业性教材方面，这本书或许无出其右，故译介给各位读者朋友。愿开卷有益！

李黎力

英文版第3版
序 言

呈现在读者面前的，是一本有关经济思想史的不同寻常的小书。本书无意于与那些适用于经济思想史完整课程的优秀长篇巨著一争高下，而是希望为经济思想史仅占一小部分的课程提供一份便于使用的简明指南。

老师们常常遇到一种困境，想在经济学导论课程上给学生勾画经济思想的演化轮廓，但大部分教科书内容太多、价钱太高，无法满足这种需求。

为了做到短小精悍，本书并未给予所有应当讨论的经济学家以"公平的"篇幅，而是集中论述一些有代表性的学派和思想。

本书开篇即解释了为何学习经济思想史是有益的，并在最后提供了篇幅更长的进阶读物指南。

自1995年以来，我们这本"经济思想简明读本"已出版了4个瑞典语版、1个世界语版和2个英语版。本书作为英文第3版，做了一些更新和修正，但没有增大篇幅。许多同事就本书给出了宝贵的评论和建设性的意见，在此表示感谢。因篇幅所限，我们就不一一列出他们的名字了，也无法详细介绍他们的所有建议。

一份简明指南

本书（现已出版至第3版）对经济思想史提供了简明介绍。对于该学科历史上的每个主要发展阶段，都有专门的一章进行叙述，最后一章则将其中的一些关键线索串联起来，并对经济思想史领域的部分主要作品和教材进行了评论。三位作者也在科学哲学的大背景下反思了经济思想的变化。

新版延续了本书清晰、简要的特点（这已成为本书的标志性特征），涵盖了经济学中的主要思想流派和范式转变。全书均已经过更新，以反映该领域的变化。在不影响本书简要性的前提下，新的版本对有关重要思想家的细节，以及诸如增长和发展问题的学术演变等内容进行了增加或扩展。更新内容包括：

● 最新的人物资料和参考书目信息；

● 对北美经济学家约翰·肯尼斯·加尔布雷思（John Kenneth Galbraith）和肯尼斯·艾瓦特·博尔丁（Kenneth Ewart Boulding）的讨论；

● 关于制度经济学发展的信息，特别是2009年诺贝尔经济学奖得主埃莉诺·奥斯特罗姆（Elinor Ostrom）的研究。

本书对欧洲大陆经济思想的叙述极富创新性，因此享有极高的赞誉，其中还探讨了英美的相关趋势。本书对经济思想演变提供了简明扼要且可读性强的概述，适合仅具有少量经济思想史背景的读者。对于所有入门级经济学课程来说，本书都是该领域非常有用而又十分急需的一份指南。

　　我们可以把经济思想史看作一张地图或景点图，各个思想流派处于不同的地点，而它们所解释的对象构成了这些地点之间的山川、河流、沼泽和丛林。

经济学是一门相对年轻的学科。直到 20 世纪初，也只 【1】
有欧洲和北美几所著名大学设有少数经济学教职，并且大部
分设在法学院或哲学院。在两次世界大战期间的动荡时期，
当通货紧缩、恶性通货膨胀和"大萧条"（Great Depression）
席卷许多国家时，公众对经济学的兴趣才大大增加，但经济
学获得突破成为一门广泛研究的显学，则要到第二次世界大
战之后，距今只有 60 年左右。

与经济学学科相比，经济思想具有更为悠久的历史。我
们可以在《圣经》、古希腊哲学和中世纪短论中，找到有关
市场、货币和其他经济问题的早期论述。16 ~ 18 世纪，随着
民族国家的崛起，贸易战略和产业政策得到广泛传播，其中
一些依然在现代有关全球化的争论中回荡。18 世纪 70 年代
至 19 世纪 70 年代是古典经济思想的时代，该时期为现代经
济学奠定了许多基础。19 世纪末发展起来的新古典经济思
想，依然主导着当前的经济学研究和教学。

然而，随着战后经济学学科的突破性发展，经济思想的
一般模式也开始发生改变。快速浏览一眼主流的期刊和教材
就会发现，当今经济学的显著特征在于，使用数学模型进行
严格的程式化推理，并利用计量分析、仿真模拟甚至实验来
量化市场互动和政策效应。许多经济学家倾向于把经济学视
作社会科学中的物理学，力图利用尽量少的普遍原理来解释
可观察到的现象。同时，他们还根据模型结果来制定具体政
策，因而也喜欢半是调侃半是自夸地将自己的研究工作描述
为"社会工程学"（social engineering）。

那么，对于经济学这样一门严谨的、以进步为导向的学
科，作为其历史的经济思想史又有何用呢？难道不是所有值
得了解的知识都包含在了当今的经济学中吗？对于现代经济 【2】

学家而言，经济思想史依然重要的一个鲜明表现在于，他们经常使用诸如"新古典经济学派"（neo-classical）、"新凯恩斯主义"（new Keynesian）或"新熊彼特主义"（neo-Schumpeterian）这样的标签，来表明其理论具有这些传统的要素。由于这些标签是对一系列独特思想和方法的简单表述，而这些思想和方法又往往是反复引发深刻争议的问题，因而了解一些早期思想家与思想流派的知识是有所裨益的。现代政治家大多不使用这些标签，但也会或正确或错误地援引过去经济学家的思想。同样，评判这些思想的优劣得失，还有助于将其置于历史背景之下进行考察。

我们可以把经济思想史看作一张地图或景点图，各个思想流派处于不同的地点，而它们所解释的对象构成了这些地点之间的山川、河流、沼泽和丛林。最为现代、当前占据主导地位的学派，也许位于一个显要的地方，可以居高临下地清晰地俯瞰大部分景点。但要想对解释对象有一个全面的了解，我们就可能得追寻过去更为久远的思想流派的足迹，看看它们所持有的不同观点。此外，经济思想史或许还有助于我们找到经济思想发展的重要节点，以及从该节点出发本可以（并且依然还可以）采取的替代性的发展路径。因此，它可以提供一种方向指南，不仅有关过去可供选择的思想路径，而且关乎未来富有希望的研究方向。

这本经济思想简史作为一张十分粗略的"地图"，大致勾画了主要思想流派及其发展脉络，涵盖了思想史上的大部分"景点"。尽管如此，我们还是希望读者大致了解可以从更详细的"地图"中找到什么。我们会在每章末尾的参考文献，以及最后一章有关经济思想史主要著作和教材的评论中，为此类更为详尽的"地图"提供某些指南。在最后一章，我们还将从更为一般的科学哲学的视角来反思经济思想的演变。也许有人会说，这种方法论的讨论应该置于一书的开头，而不是结尾。但我们认为，在讨论经济学家如何以及为何随着时间的推移而改变他们的思想之前，应当首先叙述他们的思想是什么。

第一章

前古典经济思想

城邦与王国的秩序

　　自人类生活在这个世界上以来，就已经解决了诸如如何在今天与明天的消费中分配可得的食物、如何在群体成员中进行分工这样的经济问题。

自人类生活在这个世界上以来，就已经解决了诸如如何【3】在今天与明天的消费中分配可得的食物、如何在群体成员中进行分工这样的经济问题。从《圣经》作者和古希腊人算起，人类以文字形式记录有关经济问题的思考已有两千多年的历史。晚近一些的作者，如 13 世纪的经院哲学家（scholastics）和 18 世纪的亚当·斯密（Adam Smith），则深入研读了这些古老的作品。他们将其中一些思想传承至今，也对另一些思想加以排斥和摒弃。我们先来看几段最早体现经济思想（见图 1-1）的文字吧。

古希腊人

在色诺芬（Xenophon，约公元前 430～前 354 年）、柏拉图（Plato，公元前 427～前 347 年）和亚里士多德（Aristotle，公元前 384～前 322 年）等古希腊人的著作中，我们可以发现许多在当今经济学中依然十分重要的概念和问题。他们讨论了分工和专业化、货币、交换、价值、自利、庄园管理以及公共管理。让我们看看他们是如何探讨这些问题的。

分工

在《理想国》（*Politeia*，约公元前 370 年）中，柏拉图描述了社会是如何通过分工促进生产力提高从而实现发展的。

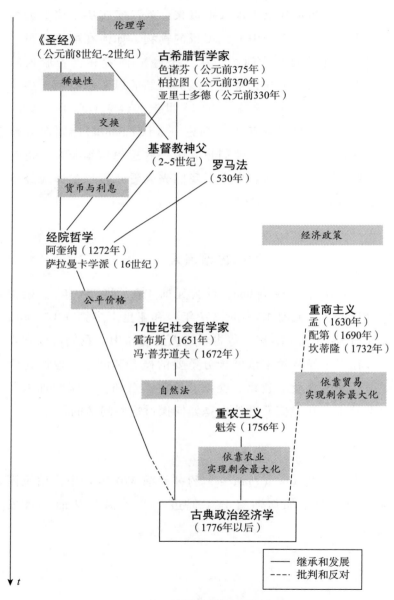

　　　　　图 1 - 1　前古典经济思想谱系

苏格拉底：那么很好。在我看来，之所以要建立一个城邦，是因为我们每一个人不能单靠自己达到自足，我们需要许多东西。你们还能想到什么别的建立城邦的理由吗？

阿得曼托斯：没有。 【5】

苏格拉底：因此我们每个人为了各种需要，招来各种各样的人。由于需要许多东西，我们邀集许多人住在一起，作为伙伴和助手，这个公共住宅区，我们把它叫作城邦。这样说对吗？

阿得曼托斯：当然对。

苏格拉底：那么一个人交换一点东西给别的人，或者从别的人那里拿来一点东西，每个人都觉得这样有进有出对他自己有好处，对吗？

阿得曼托斯：是的。

苏格拉底：那就让我们从头设想如何建立一个城邦，看看一个城邦的创建人需要些什么。

阿得曼托斯：好的。

苏格拉底：首先，最重要的是粮食，有了它才能生存。

阿得曼托斯：毫无疑问。

苏格拉底：第二是住房，第三是衣服，以及其他，等等。

阿得曼托斯：理所当然。

苏格拉底：接着要问的是：我们的城邦怎么才能充分供应这些东西？那要不要有一个农夫，一个瓦匠，一个纺织工人？要不要再加一个鞋匠或者照料人们身体的人？

阿得曼托斯：当然。

苏格拉底：那么最小的城邦起码也要有四到五个人。

阿得曼托斯：显然是的。

（Plato，1993，pp. 369 – 370）①

接着柏拉图进一步讨论了一个越来越大的社会中愈加细化的分工。其经济含义在于，如果每个人都专注于他们自己最擅长的工作，那么效率就会提高。色诺芬在《居鲁士的教育》（约公元前 375 年）中也讨论了分工。他认为，在小市镇上，一个人可能要制造家具、门、犁甚至建造整栋房子；但在大城市中，一个人只要从事其中一项工作，便可维持生计，而且在技艺上实现业专而日进。两千多年后，我们发现在亚当·斯密的著作中，也有关于这种工匠的分工讨论。

交换、货币和利息

亚里士多德在《政治学》和《伦理学》（约公元前 330年）中讨论了诸如交换、货币、价格和价值等经济问题。尽【6】管他可能有意地侧重于客观的经济分析，但其中的道德含义与价值倾向还是比较明显的。亚里士多德对于交换的兴趣是以私有制为前提的。在他看来，私有制是好的，因为它提高了效率。而柏拉图则更倾向于支持公有制。亚里士多德认为物物交换是自然的，由于人类的需要是有限的，因此这样的交换也是有限的。如果一个人获得非常大数量的

---

① 引文翻译参考了 1986 年商务印书馆出版的《理想国》，译者为郭斌和、张竹明。——译者注

某种东西，那么这可能是有害的，或者至少是无益的。亚里士多德的这种思想在 18 世纪亚当·斯密的口中以另一种方式表达出来——"每个人对食物的欲望都受到人类胃容量的限制"，在 19 世纪末的新古典经济思想中又以"边际效用递减"这一概念重现。

涉及货币的交换是不自然的，但如果出售是为了获取货币来购买另一种商品，那么它就是一种必要的交换形式。高利贷，即为了获得利息而借出货币，是一种不正当的交换形式。对于农作物和牲畜这些生物而言，繁殖是自然的；但对货币而言，增殖便是不自然的——它是作为交换媒介而被创造的。这种对放贷取息的负面看法持续了很长时间。它可以在中世纪经院哲学中找到，并在天主教会中得到了坚定的支持。放贷取息被视作高利贷，受到高利贷法禁止或管制，许多国家至今仍然残留着这样的法律。如今我们在伊斯兰教思想中依然可以发现这种对利息的负面看法，而且还有一些非宗教组织在为让经济生活中不再有利息的存在而努力。

价值和价格

亚里士多德区分了使用价值与交换价值。这一区分在两千多年后的古典经济学家，特别是在马克思的思想中还能找到。亚里士多德以鞋作为例子，鞋子既可以用来穿，从而具有使用价值，也可以用来出售或交换另一种商品，从而具有交换价值。在这里，亚里士多德提到交换当中"公平价格"的概念，这一概念到中世纪经院哲学那儿得到了进一步的发展（见后文分析）。

《圣经》

尽管《圣经》不是一本主要关于经济学的书籍，但其中包含一些经济特征，而且有的特征与古希腊哲学家的著作相似，特别是在放贷取息方面。至少在《旧约全书》中，对放贷取息的基本态度是否定的。"借给你兄弟银钱、食物，或任何能生利之物，你不可以取利。"（《申命记》第 23 章第 【7】 19 节）而在《新约全书》中则没有这样的态度。

稀缺问题是核心的经济问题。它产生于"人类堕落"①之后，并在《圣经》中以各种各样的方式得到解决。除了努力工作之外，还有以下三种方式。第一种方式是依靠信仰。在《出埃及记》中，摩西向神呼求：当百姓因缺水而争闹时该怎么办？神指示他用先前击打河水的杖击打磐石出水。摩西照做了，他相信必有水从磐石里流出来让百姓喝，而这确实发生了（《出埃及记》第 17 章）。第二种方式与第一种密切相关，即"祈求于神的国度"。我们来看看《新约全书》中的一个例子。

> 不要忧虑地问："吃什么？喝什么？穿什么？"
>
> 这都是外邦人所求的，你们所需用的一切东西，你们的天父是知道的。你们要先祈求他的国和他的义，这些东西就会加给你们了。
>
> （《马太福音》第 6 章第 31～33 节）

---

① 指《圣经》中亚当和夏娃违背神的旨意而被逐出伊甸园。——译者注

第三种方式是"遵守诫命"。

> 所以，你要谨守遵行我今日所吩咐你的诫命、律例、典章。你果然听从这些典章，谨守遵行，耶和华你的神，就必照他向你列祖所起的誓，守约施予慈爱。他必爱你，赐福于你，使你人数增多；也必在他向你列祖起誓应许给你的土地上，赐福于你身所生的、地所产的，并你的五谷、新酒和油，以及牛犊、羊羔。
>
> （《申命记》第 7 章第 11 ~ 13 节）

经院哲学

经院哲学（scholastics）思想有时被视作三种不同思想传统的糅合。第一种是亚里士多德的哲学，第二种是《圣经》和基督教神父的思想，第三种是罗马法。经院哲学在 13 ~ 14 世纪迎来了全盛时期，以托马斯·阿奎纳（Thomas Aquinas, 1225 ~ 1274 年）为主要代表。16 世纪萨拉曼卡学派（School of Salamanca）的衰落，标志着经院哲学时代的结束。经院学派由神学家和哲学家构成，他们从自身的专业知识角度对经济问题发表看法，涉及公平价格、利率和自然法。

公平价格和利息 【8】

在经院学派看来，"公平价格"（just price）——亚里士多德已论及这一问题——是在人们之间不存在欺骗或胁迫，且其他方面情况也正常的条件下，市场自发形成的价格。因此，垄断市场上的价格并非公平价格。

对于公平价格的态度，决定了对放贷取息的看法。与亚里士多德、早期的《圣经》作者和基督教神父们一样，经院哲学家对放贷取息基本上持反对态度。由于货币仅仅被视作一种交易媒介，努力实现货币增殖，被认为是不自然的和贪婪的行为。但是，一些经院学派学者提出了允许放贷取息的例外情况。例如，如果借款人没有按时偿还债务，贷款人就可以要求对逾期支付部分收取利息。还有学者认为，如果贷款人能够证明贷款增加了成本，抑或产生了利润损失，他便可以要求利息补偿。

自然法

经院哲学思想中的一个重要概念是"自然法"（natural law）。通常，"自然法"可以被定义为存在于事物秩序和人类本性之上的一套道德准则体系。这些准则独立于任何立法机构。对于托马斯·阿奎纳而言，自然法是上帝的永恒法则的一部分，人类可以通过理性的力量来认识它。自然法思想早在古希腊哲学中便已出现，但经院哲学家更为详细地讨论了它，试图在神的设计与人类的习俗之间划分界限。他们反过来影响了 17 世纪的社会哲学家，如雨果·格劳秀斯（Hugo Grotius，1583 ~ 1645 年）、托马斯·霍布斯（Thomas Hobbes，1588 ~ 1679 年）和塞缪尔·冯·普芬道夫（Samuel von Pufendorf，1632 ~ 1694 年）。这些社会哲学家认为社会建立在遵从个人意志的契约之上，并讨论了公民权利特别是私有财产与国家权力之间的关系。自然法的社会哲学一部分被亚当·斯密和其他古典经济学家吸收。我们也可以在当今的许多经济推理背后察觉到它的存在。

伦理多于分析

　　总结自古希腊哲学家到经院哲学的经济思想可以发现，它们大多是规范性的，更多的是关于伦理和正义的，而不是所论及经济现象的原因和影响。其讨论与交易或其他形式的交换联系在一起，试图使私有制和货币积累符合古代与中世纪的公共和宗教规范。虽然生产并不重要，但正如我们在柏 【9】拉图和色诺芬有关分工的讨论中所发现的，它并没有被完全忽视。

重商主义

　　在 16 ~ 18 世纪现代民族国家崛起期间占主导地位的经济思想，后来被称为"重商主义"（mercantilism）。它主要是因为受到亚当·斯密在《国富论》（1776 年）中的尖锐批评而广为人知，但该名称的起源通常归功于法国重农主义者米拉波侯爵（Marquis de Mirabeau，1715 ~ 1789 年）。它是这样一种中央政策：主张国家应像商人一样行事，通过最大化与其他国家的贸易顺差来增加国民财富。重商主义者并不像 13 世纪的经院学派学者那样构成一个紧密联系的学派，但具有一些共同的特征，如都对贸易差额和经济增长感兴趣。尽管存在诸多共性，但我们还是可以从研究的侧重点上辨别出各国之间的差异。德国重商主义者经常讨论公共财政，他们的重商主义有时被称为"官房学派"（cameralism）。在法国重商主义学派看来，重要问题在于如何支持和管理国内产业，尤其是在让－巴普蒂斯特·柯尔贝尔（Jean-Baptiste Colbert，1619 ~ 1683 年）对经济政策产生主导影响期间。西班牙重商主义者则将注意力集中在如何获取贵金属和实现贸易顺差这一问题上。而对于英国和荷兰重商主义者而言，国际收支也是至关重要的。重商主义的出现，意味着关注点从伦理和正义转向生产、增长和财富。

政府与重商主义体系

在文化上，欧洲在中世纪依靠罗马天主教会和拉丁语（在所有大学均使用）基本上实现了统一。但在经济和政治上，情况则截然不同。我们现在所称的国家，长期以来被分成了许多独立程度不同的单位，由当地统治者征收通行费。举例来说，16 世纪末，一个商人沿着莱茵河从巴塞尔来到科隆，需要在 31 个不同的地点支付通行费，相当于每走 15 公里就会有一个收费点。重商主义反对这种分裂，致力于推进中央集权。国家应当由统一的领土构成，这通常被定义为"民族国家"（nation）。

政府在经济中应当扮演什么角色呢？重商主义思想认为，对一国经济的管理应当在于提升本国相对于他国的国力，这通常被认为是最为重要的目标。另一个目标是财富，尤其是君主和商业精英的财富。以下各节将涉及国家实力和财富背后的影响因素。

【10】 ### 贸易与保护主义

在重商主义看来，贸易是可取的，特别是与其他国家的贸易。贸易通过货币流入创造财富。除了少数例外情况，应当促进出口。用进口的商品来交换本国出口的商品虽然也是可以接受的，但最好是用黄金和白银支付给本国。为了获得贸易顺差，即使出口大于进口，也应通过各种关税和条例使进口保持在较低水平。英国重商主义者托马斯·孟（Thomas Mun，1571～1641年）在其名著《英国得自对外贸易的财富》（1630年）中表达了如下观点："对外贸易是增加我们财富和货币的通常手段，在这一点上我们必须时时谨守这一原则：在价值上每年卖给外国人的货物，必须比我们消费他们的货物多"。

由于认为卖出比买入更为重要，重商主义有时被形容为"恐惧商品"。法国重商主义者使用的一个短语一针见血地传达了这个意思——"卸下王国的货物负担"。这种态度源自各种不同的因素。一个因素是被亚当·斯密批评的原始观念，即一国财富由货币、黄金和白银构成，应当通过净出口来增加。另一个因素在于这样一种思想，即如果限制进口，就会鼓励国内生产替代进口。这种进口替代或出口补贴，将有助于利用闲置资源和增加国民财富。许多重商主义观点在如今的管理学文献以及有关国民经济"竞争力"的政策争论中仍然十分流行。在这些争论中，国际贸易从根本上被视作关乎市场份额和就业的零和博弈——一国所得必然对应着一国所失。

在重商主义晚期，人们对进出口的看法发生了改变。在18世纪，一些重商主义者在小册子中讨论了国际贸易的优势互补，即进口也有可能是有利的。在这种背景下，我们可以辨别出有关国际分工的思想，以及对"一切只应卖出"这种思想的"非自然性"和不可能性的反思。

货币

货币在重商主义中占据着核心地位，尽管重商主义者对货币的态度并非像亚当·斯密所描述的那样狭隘。他们对货

币的看法，与对国内生产的保护密切相关。重商主义者普遍了解现在被称为"货币数量论"的思想的主要内容。他们认

【11】 识到，货币和贵金属的流入——即因贸易顺差而带来的支付手段数量的增加，可能使一国的物价普遍上涨。然而，尽管人们抱怨物价上涨，但重商主义者认为通货膨胀会刺激贸易、生产和就业。不过，为了达到这一目标，就必须使货币在经济中流通起来，而不是被贮藏起来。

一国财富由其拥有的货币和贵金属的数量来衡量，这种思想可以在不那么老练的重商主义者身上找到，但我们很容易找到更为复杂精深的思想。例如，"政治算术"（political arithmetic）之父——英国人威廉·配第（William Petty，1623 ~ 1687 年）在 1665 年前后详细计算了英格兰和威尔士的财富。他的计算不仅包括不动产和私有财产，甚至还包括人口价值。在这些国民财富中，货币仅占百分之几的比重。几十年后，英国重商主义者查尔斯·达文南特（Charles Davenant，1656 ~ 1714 年）认为，成功的出口政策需要取消进口限制，他因而经常被认为是经济自由主义的先驱。他出版了各种小册子，详细分析了贸易差额和国民财富——耐用品在其中扮演着重要角色。

到重商主义晚期，一些学者做出了重要贡献，这些贡献并不那么明确地归属于某个学派。苏格兰人约翰·劳（John Law，1671 ~ 1729 年）——最早的投机性大泡沫之一的缔造者——讨论了价值理论，认为稀缺性发挥了重要作用，并讨论了通过信贷创造的货币供应。旅居法国的爱尔兰人理查德·坎蒂隆（Richard Cantillon，约 1680 ~ 1734 年）是少数几个从约翰·劳的金融计划中成功致富的人之一。他有时被看作重商主义者，有时被视为重农主义的先驱，有时甚至被

认为是古典经济分析乃至新古典经济分析的先驱。作为一名具有原创性的思想家，他将经济构想为一个由市场供求力量来平衡的两部门的收入流动体系。意大利人菲迪南多·加利亚尼（Ferdinando Galiani，1728～1787年）对系统的国际收支分析与基于效用和稀缺性的价值理论做出了重要贡献，他是18世纪中叶兴盛起来的重农学派最有力的批评者之一。

重农主义

法国是重农主义（physiocracy）的中心。这个学派的产生一般可以追溯到1756年，在这一年，该学派的两位主要代表弗朗索瓦·魁奈（François Quesnay，1694～1774年）和安·罗伯特·雅克·杜尔哥（Anne Robert Jacques Turgot，1727～1781年）第一次发表经济学论文。而其结束则通常与1777年其成员纪尧姆·弗朗索瓦·勒·德洛尼（Guillaume François Le Trosne，1712～1780年）《社会的利益》一书的出版联系在一起。重农主义既可以被视作针对重商主义的一种反应，也可以被视为18世纪欧洲盛行的"农业狂热"【12】（agromania）的一种表现。"重农主义"一词源自希腊语，意为"自然的力量"，这恰如其分地体现了重农主义的观点。"经济学家"（Les économistes）是重农学派代表曾用来称呼他们自己的术语。该学派通常被视为第一个真正的经济思想流派。它有主办的刊物，还有定期的集会。有时候重农主义者甚至被认为是一个宗派，因为他们与其领袖魁奈如此紧密地联系在一起。

自然秩序

重农主义者相信自然和社会的"自然秩序"（natural order）。在这里，我们看到了自然法哲学的影子。他们认为，由于不恰当的法律，现行的社会秩序不同于自然秩序。其中问题之一就在于以牺牲诸如农业和消费为代价而支持工业和出口的重商主义举措。不恰当的法律应当予以废除，自然秩序应当得到恢复。私有制被视作自然秩序的内在组成部分，因为它是促进社会繁荣所必要的工作所需的。

当自然秩序盛行时，不同利益相关者之间便能和谐共存。魁奈曾说："一个秩序井然的社会的所有神奇之处在于，每个人都相信自己在为别人工作的同时也在为自己工作。"这个思想在亚当·斯密著名的市场是"看不见的手"的隐喻中重现，并构成了经济自由主义的关键要素。

只有农业才生产纯产品

农业在重农主义思想中占据中心地位。重农学派认为，农业是唯一能够生产纯产品（net product）的产业，即生产出超过生产成本的剩余。这种思想的一些要素，也可以在晚期重商主义文献中找到。但是，重农学派强调，生产出正的净产品的先决条件在于：农业必须具有充足的实物资本，如役畜、牛群和工具，这样才有可能获得足够的收成，不仅可以留一些作为种子，养活租地农场主的家庭和雇佣工人，还可以养活地主阶级。

在重农主义者看来，农业生产纯产品的能力被重商主义政策抵消了，应当将农业恢复到全面繁荣的状态。但是，当这一目标实现后，就不会有进一步的增长了。因为虽然农业

生产纯产品，但商业和工业是非生产性的，生产出的产品价
值不超过其生产成本。因此，政府应当对农业剩余征税，即 【13】
向地主收取的地租征税。

经济表

魁奈的"经济表"（*Tableau économique*）可能是重农学
派留下的最为著名的思想遗产。该表（出版过若干版本）被
视作马克思的再生产图式、投入产出分析、现代国民核算体
系、乘数分析，以及一般均衡分析的先驱。如表1－1所示，
对魁奈的经济表稍加修改，便能显示出其与投入产出表的相
似性。

表1－1　魁奈的"经济表"（简化版）

		消费者			
		生产阶级	土地所有者阶级	不生产阶级	总产出
生产者	生产阶级	2	1	2	5
	土地所有者阶级	—	—	—	—
	不生产阶级	1	1	—	2
	总消费	3	2	2	7

注：单位为10亿里弗尔（livres）。

在经济表中，社会由三个阶级构成：生产阶级（农民，
不拥有土地）、土地所有者阶级和不生产阶级（从事工商
业）。该表展示了这三个阶级之间的商品流动，以及与之对
应的相反方向的货币流动（市场交换中用于支付）。因此，
我们发现，作为消费者的土地所有者阶级花费20亿里弗尔
（货币单位）购买商品，其中一半商品来自生产阶级，一半
商品来自不生产阶级。整个经济的总产出等于总消费，即70

亿里弗尔。不生产阶级的消费恰好等于其生产，即 20 亿里弗尔，这正是为什么他们被认为是不生产的。相比之下，生产阶级生产了 50 亿里弗尔，却仅消费了 30 亿里弗尔。土地所有者阶级什么也不生产，却消费 20 亿里弗尔，恰好等于生产阶级的纯产品。农民向土地所有者阶级上交的地租（即 20 亿里弗尔的纯产品），虽然未在表中明确体现，却无疑是维持收入流与支出流平衡的必需品。

　　魁奈的经济表表明，经济学家当时已经开始系统地研究经济体不同部分之间的关系了。它包含着这样一种思想，即经济是一个商品和货币循环流转的体系，就像血液循环一**【14】** 样。这让我们想起魁奈原本是一名医生。在今天，尽管模型构造有所不同，但现代经济学仍然将经济体描绘成这样一个收入和支出循环流转的体系，并将其作为一种有力的分析工具。

参考文献

［1］ Aristotle （1972） Politics, in *Aristotle in Twenty-Three Volumes*, XXI. London：Heinemann.

［2］ Heckscher, Eli F. （1935, reprinted 1994） *Mercantilism*. London：Routledge.

［3］ Herlitz, Lars （1989） *Ideas of Capital and Development in Pre-classical Economic Thought：Two Essays*. Institute of Economic History, University of Göteborg, Report 7.

［4］ Lowry, S. Todd （ed.） （1986） *Pre-classical Economic Thought*. Boston, Dordrecht, Lancaster：Kluwer Academic Publishers.

［5］ Magnusson, Lars （1994） *Mercantilism：The Shaping of an Economic Language*. London：Routledge.

[6]　Plato （1993） *Republic*, translation Robin Waterfield. Oxford： Oxford University Press.

[7]　Schumpeter, Joseph A. （1954） *History of Economic Analysis.* Oxford： Oxford University Press, Part II.

[8]　Vaggi, Gianni （1987） *The Economics of François Quesnay.* London： Macmillan.

第二章

古典政治经济学

财富增长和分配的密码

在任何科学或艺术领域，"古典"（classical）一词都可以被理解为一种业已确立的、最为典型的思维和表达方式——这种过去的"最佳实践"为现在设立了标准。古典政治经济学对当前的经济思想而言无疑扮演了这一角色。

苏格兰哲学家亚当·斯密（Adam Smith，1723～1790 【15】
年），通常被认为是古典经济学派的创始人。他著名的《国
民财富的性质和原因的研究》（下文简称《国富论》）出版
于 1776 年，我们可以把这一年看作持续了大约一百年的古
典时期的开端。爱尔兰人约翰·埃利奥特·凯尔恩斯（John
Elliot Cairnes，1823～1875 年）有时被视作最后一位重要的
古典经济学家，他在 1874 年出版了《政治经济学原理新
论》。在他们之间的这段时间里，古典经济学派的主要代表
有：法国人让-巴蒂斯特·萨伊（Jean-Baptiste Say，1767～
1832 年）、英国人托马斯·罗伯特·马尔萨斯（Thomas Robert
Malthus，1766～1834 年）、大卫·李嘉图（David Ricardo，
1772～1823 年）、纳索·威廉·西尼尔（Nassau William Senior，
1790～1864 年）、詹姆斯·穆勒（James Mill，1773～1836 年，
常被称为老穆勒）和他的儿子约翰·斯图亚特·穆勒（John
Stuart Mill，1806～1873 年，常被称为小穆勒）。此外，我们
还发现，著名的古典政治经济学批评家——德国人卡尔·马
克思（Karl Marx，1818～1883 年）也运用了古典学派的分析
工具。古典政治经济学谱系见图 2-1。

大多数古典经济学家具有一些共同特征。第一个特征在
于，他们都对经济增长和发展感兴趣，并通常认为经济增长
最终会达到一个静止状态，在这种状态下，经济只会再生产
自身——用现代术语说就是"零增长"。第二个特征在于，
将生产成本作为价格的主要决定因素予以关注。第三个特征
在于，关注收入在劳动、土地和资本之间的分配——表现为
工资、地租和利润。将这三个特征结合起来，古典经济学家
试图对经济发展过程中收入分配与价格之间不断变化的关系
提供一个逻辑一致的解释。他们提出了经济分析的原理，从

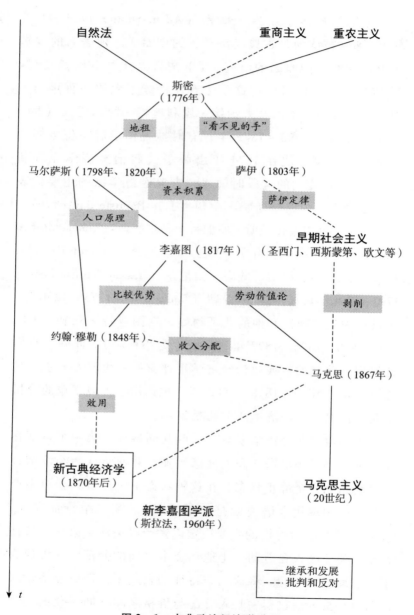

【17】　　图 2 - 1　古典政治经济学谱系

中可以从逻辑上引申出经济政策的药方。他们所有的主要著作的标题几乎都带有"政治经济学原理"（马尔萨斯、李嘉图、小穆勒），或至少带有"政治经济学"（萨伊、西尼尔、老穆勒、马克思等）。大多数古典经济学家认为，市场体系是一种自我稳定的分配机制，在没有太多政府干预的情况下能够有效运转。这种思想也出现在重农主义者和晚期重商主义者的思想当中。但是，重商主义者主张的基本上是广泛而深远的政府干预，因而成为斯密批判的主要目标。 【16】

在本章中，我们将大部分篇幅用于斯密及其《国富论》上，还有一些篇幅则留给李嘉图和马克思。因此，为了节省篇幅，我们将这三位作为古典政治经济学不同传统的主要代表进行介绍，而将其他成员仅仅作为补充人物略微提及。

亚当·斯密

斯密有时候被称为"经济学之父"。这个说法是否合适尚无定论。批评者们认为，斯密思想的精髓可以在他之前的作者那里找到。但即便如此，人们也无法否认他的《国富论》在系统阐述经济体的内部关系上所发挥的举足轻重的作用。

斯密 1723 年出生于苏格兰的柯尔卡迪小镇。14 岁时考入格拉斯哥大学，在那里他受到哲学家弗兰西斯·哈奇森（Francis Hutcheson）的影响。哈奇森当时讲授经济问题，并将斯密介绍给哲学家大卫·休谟（David Hume）。后来，他们三人都成了苏格兰启蒙运动（Scottish Enlightenment）的领军人物。

此外，斯密还在牛津大学待了 6 年。当时牛津大学是一所没落的大学，不过却拥有一流的图书馆。1751年，斯密被聘为格拉斯哥大学逻辑学教授，不久后又变为了道德哲学教授。1759年，斯密出版了他的第一部主要著作——《道德情操论》。1764年，斯密离开格拉斯哥大学，作为家庭教师陪伴巴克卢公爵（the Duke of Buccleuch）游学法国。在法国游学的后半段时期，斯密参加了重农主义者的集会。这次出国旅游持续了两年。在此期间，斯密开始了《国富论》的写作。在他回国后，经过数年的苦心孤诣，这部伟大的著作终于在1776年面世。两年之后，斯密接受了苏格兰海关税务专员一职。他对这个职位满腔热忱，以至于7年之后苏格兰海关的收入已至少达到他上任时的4倍之多。

和同时代的其他学者一样，斯密在多个领域都有著述：道德哲学、天文学史、语言的起源以及音乐、舞蹈与诗歌之间的关系，等等。然而，他的经济学著作显然是最有影响力的。现在我们将集中讨论他在《国富论》中所提出的思想。下面所有引文均摘自这本书。

【18】　## 人性特征

人性特征构成了斯密理解经济运行的基础。在斯密看来，遗传的特征可以在一定程度上依靠教育而改变，但总体上必定会保持不变。社会制度应当建立在这种假定之上。那么斯密在人类身上发现了哪些天性呢？首先，人是自私自利的，并会尽力改善自身的境况。这种人性特征实际上可以推动社会进步，即使是在条件并不理想的情况下。在对魁奈的批判中，斯密写道：

> 他似乎没有考虑到，在国家内，每个人为改善自身

境遇自然而然地不断做出的努力，就是一种保卫力量，能在许多方面预防和纠正在某种程度上不公平的和压抑的政治经济的不良后果。这种政治经济，虽然无疑会多多少少地阻碍一国走向富裕繁荣的发展，但不能使其完全停止，更不能使其倒退。

（p. 674）①

然而，斯密意识到，人类总是会努力改善自身的境况这一规律也有例外。他讨论了酗酒和暴饮暴食，并谴责挥霍浪费是"追求当前享受的欲望"（p. 341）的结果。"善变而赶时髦的人"同样被认为应受到谴责，但幸运的是，"从根本上说，这种愚蠢的行为肯定只限于少数人，所以对民众的总体就业情况不会造成显著的影响"（p. 469）。

除了自利，斯密笔下的普通人还有什么其他特征吗？一个相关的特征在于，人类"总喜欢互通有无、以物易物、相互交易"（p. 25）。这种特征是人类所特有的，"从来没有谁见到过两只狗有意识地各拿一根骨头进行公平的交换"（p. 26）。除了人性中的这些倾向外，还有一个重要的事实在于：不同的人在一开始是非常相似的。"极不相似的两个人，一个哲学家与一个普通的街头搬运工，他们之间的差异与其说归因于天赋，不如说是习惯、风俗和教育所致。"（pp. 28 - 29）然而，以物易物、相互交易的倾向导致了专业化分工，从而强化了人与人之间最初的差异。

---

① 有关《国富论》的引文翻译参考了 2009 年商务印书馆出版的《国民财富的性质和原因的研究》，译者为郭大力、王亚南。——译者注

【19】　　劳动分工——好处与坏处

人性当中以物易物的交易倾向，是导致劳动分工的根本原因。分工因专业化而带来了生产的相当大的增长。在《国富论》开篇的第 1 章，劳动分工便作为一种积极因素，被描述为可以带来生产率的大幅提高：

> 在一个政治修明的社会里，使最下层民众实现普遍富裕的，是各行各业的产量由于分工而大增。
>
> （p. 22）

在《国富论》的末篇，呈现的却是一幅有关劳动分工更为悲观的图景：

> 分工进步，依劳动为生者的大部分职业，也就是大多数民众的职业，就局限于少数极简单的操作，往往简单到只有一两个操作。可是人类大部分智力的养成，势必来自其日常职业。
>
> （pp. 781 – 787）

因此，一个人的工作如果仅局限于几个简单的操作，就会"变成最愚钝最无知的人"（p. 782）。劳动分工不仅仅会损害人的心智，而且：

> 就是他肉体上的活动力，也因这种单调生活毁坏了，除了他已经习惯了的职业外，对于无论什么其他职业，他都不能灵活地、坚定地去做。这样看来，他对自

身特定职业所掌握的技巧和熟练度，可以说是由牺牲他的智能、交际能力、尚武品德而获得的。但是，在一切改良、文明的社会里，政府如果不费点力气对此加以防止，劳动贫民，即大多数民众，就必然会陷入上述状态。

(p. 782)

尽管劳动分工极大地改善了所有人的物质生活条件，并且还事实上通过对外贸易改善了所有国家的物质生活条件，但是它损害了工人的身心健康。劳动分工的这种两面性，对斯密有关自由和政府职能的看法产生了影响。

天赋自由与"看不见的手" 【20】

斯密对自然法哲学家的思想非常熟悉，如格劳秀斯和普芬道夫（参见第一章）。斯密对术语"天赋自由"（natural liberty）及类似表述的使用，表明他受到他们思想的影响。通过考察斯密使用"天赋自由"概念的上下文语境，我们可以感觉到他对此具有相当复杂的理解。因此，我们发现，"天赋自由"意味着改变职业的自由，以及自己选择所居住教区的自由。它还意味着国内和国际贸易的自由。

我们还看到其他一些例子，斯密认为在这些情况下，不应当放任"天赋自由"观念盛行，即使有条款明文规定某种自由是"天赋的"。例如，阻止人们接受银行家的无担保本票从而承担巨大的金融风险，或限制银行家发行此类票据，便是对"天赋自由"的明显侵犯。建造防火墙或遵守其他安全规定等义务同样是如此。然而，"这里涉及的只是少数人的天赋自由，这种自由可能会危害整个社会的安全，因此应当由政府颁布法律加以限制"（p. 324）。由此可见，斯密并不是一个鼓吹无限自由的教条主义者，而是以务实的考虑为指导。如果天赋自由可能对社会造成伤害，那么就应该予以限制。这种自由的基本准则应当适用于其他所有情况。如此一来，人类的本性——自利和交易倾向——便会促进共同利益的最大化，尽管每个人只是以追求自身利益的方式行事。

> 我们每天所需的食物和饮料，不是出自屠户、酿酒师或烙面师的恩惠，而是出于他们自利的打算。我们不说唤起他们利他心的话，而说唤起他们利己心的话。我们不说自己有需要，而说对他们有利。
>
> （pp. 26 – 27）

在这一点上，我们可以提一提"看不见的手"。在斯密的文字表述中，没有哪点要比这点更加有名了，尽管他自己只是在文中顺带使用了一下。在《国富论》中，它只出现过一次：

> 由于每个人都努力把他的资本尽可能地用来支持国内产业，都努力管理国内产业，使其生产物的价值能达到最高程度，因此就必然竭力使社会的年收入尽量增大起来。确实，他通常既不打算促进公共利益提升，也不知道他自己能在什么程度上促进公共利益提升。由于宁愿投资支持国内产业而不支持国外产业，他只是盘算他自己的安全；由于他管理产业的方式在于使其生产物的价值最大化，他所盘算的也只是他自己的利益。在这种

【21】

场合，像在其他许多场合一样，他受着一只"看不见的手"的指引，去尽力达到一个并非他本意想要达到的目的。

（p. 456）

根据斯密的基本原理，如果每个资本家都能按照自身的偏好进行投资，每个人都可以不受法律束缚选择自己的职业、追求自己的事业，那么资源就会实现最有效率的配置。"看不见的手"是一个隐喻，刻画的是实现这种个人利益与社会利益最一致的条件。这种思想并不是全新的，例如，它可以在希腊基督教神父约翰·克里索斯托姆（John Chrysostom，349～约407年）的著述中找到。他认为个人利益与公共利益的联系是神的计划的一部分。但这种思想鲜有像斯密那样表述得如此清晰的。

然而，斯密的基本原理仅仅是在原则上适用的，他自己也阐述了天赋自由并不总是产生最好的结果，无论是在狭义的经济意义上，还是在广义的人类意义上。我们已经看到，在斯密看来，当天赋自由对社会整体有害时，它就应当受到限制。我们还看到，在自由社会中自发出现的劳动分工往往会损害工人的身心健康。同样，自由贸易也并不总是对所有各方都有利。正如斯密（p. 448）在论及跨大西洋贸易及美洲的发现和征服时所写的："由于欧洲人蛮横、不公正的行为，这样一件本来对所有各方都有利的事情，最终却变成了几个不幸的国家遭到摧残和破坏的根源。"

政府的职能范围

在斯密看来，重商主义在英国占据了主导地位，而政府应该减少这种对经济生活的干预。对此，斯密提出了三个论据。第一，他批判作为一种学说和政治实践的重商主义。贸易和生产的管制是在商人和制造业者的游说下施行的，导致资源配置低效率。行会和特许经营垄断企业的特权仅对少数人有利，却损害了大多数人的利益。斯密（p. 493）反复强调："最初发明并传播这种原则的人，无疑是一些满脑子垄断观念的人；毫无疑问，最先倡导这种原则的人绝对不像后来信奉这种原则的人那么愚蠢。"

第二个论据与政府无法基于符合大多数人的利益来管控经济有关。

【22】

> 如果政治家企图指导私人如何运用他们的资本，那不仅是自寻烦恼地去注意最不需要注意的问题，而且是在僭取一种不能放心地委托给任何个人，也不能放心地委之于任何委员会或参议院的权力。
>
> （p. 456）

斯密反对大型公共部门的第三个论据表达得更为隐晦，隐含在他对生产性劳动与非生产性劳动的区分上。生产性劳动体现在这样一种商品生产上，当生产过程完成时，该商品固定在实物形态上而依然存在，制造业和农业工作就是很好的例子。而非生产性劳动包括各种服务，这种劳动在其完成的同时也就消失了，即生即灭。在斯密看来，许多行业的从业者的劳动都属于这类劳动，包括君主、为君主服务的所有文武官员、牧师、律师、医生、小丑、音乐家和歌手等。他们都是由生产性劳动者的产品来维持生存的，"无论他们的职位多么高贵，无论他们提供的服务多么有用、多么必要"

（p. 331）。（与之相比，重农主义者的观点则更为严苛，他们认为除农业以外的所有行业都是非生产性的）如果非生产性劳动过多，维持它们生存所需要的那部分年产品就会变得非常之大，以至于不得不动用资本。于是年产品将逐渐减少。斯密认为，"那些地大物博的国家，虽然不会因为个人的奢侈浪费和行为不当而变穷，但是它们却常常因为政府的奢侈浪费和行为失当而变穷。在大多数国家中，全部或几乎全部公共收入都被用来维持非生产性劳动者的生活"（p. 342）。

然而，斯密并不是要排除政府职责。政府具有三大职责，并且斯密还提到许多其他他所认同的政府所扮演的角色。第一大职责在于保护社会不受侵略，即维护国防。第二大职责在于保护每个社会成员不受其他社会成员的侵害或压迫，即建立司法制度。这两项职责是任何国家政府均需承担的最低限度的义务。但斯密提出的第三大职责超出了最低限度。这一职责就是：

> 建设并维持某些公共事业及某些公共设施（其建设与维持绝不是为了任何个人或任何少数人的利益），这种事业与设施，在由大社会经营时，其利润常能补偿所费而有余，但若由个人或少数人经营，就决不能补偿所费。

（p. 723）

斯密意识到了现代分析中所谓的"公共物品"（collective goods）和"外部效应"（external effects）。他讨论了诸如道路、桥梁、运河、港口、邮政服务，尤其是有助于抵消劳动分工对工人不利影响的教育机构等。政府必须保证这些公共 【23】

物品的提供，并非意味着应当完全使用税收所提供的资金。在斯密看来，让使用者支付费用有时也是恰当的。

除了这三大政府职责外，斯密还支持其他形式的政府干预。这表明他是一位务实而非教条的自由放任的倡导者。从原则上而言，斯密主张各国之间应自由贸易，但他认为，在某些情况下，借助关税和其他管制来支持一国国内利益是恰当的。一种情况在于这种活动是保卫国家所必需的。因此，斯密将限制外国船舶进入英国贸易的《航海法》——后来的经济学家将其解读为历史上最有力的保护主义行为之一——描述为"也许是英国所有商业法规中最明智的"（p. 465）。它保证了英国海员和航运的存在，而这对海军防御十分重要。另一种情况是当国内产业被征税时，征收等额的关税将使国内商品在与进口商品竞争时和征税前处于同等的地位。

价值

在价值理论中，斯密和其他古典经济学家引入了一对可以追溯到亚里士多德的概念区分，但这种区分被现代价格理论所抛弃，这就是"使用价值"与"交换价值"。斯密认为：

> 应当注意，"价值"一词有两个不同的意义。它有时表示特定物品的效用，有时又表示由于占有某物而取得的对他种物品的购买力。前者可叫作"使用价值"，后者可叫作"交换价值"。使用价值很大的东西，往往具有极小的交换价值，甚或没有；反之，交换价值很大的东西，往往具有极小的使用价值，甚或没有。例如，水的用途最大，但我们不能以水购买任何物品，也不会拿任何物品与水交换。反之，钻石虽几乎无使用价值可

言，但需用大量其他货物才能与之交换。

(pp. 44 – 45)

以上引文中的最后一个问题——为什么像水这样有用的东西如此便宜，而像钻石这样无用的东西却如此昂贵——被称为"价值悖论"。斯密并不是第一个讨论这个问题的人。柏拉图在其著作《欧蒂德谟》（*Euthydemus*）中对此有相当充分的解释——"只有稀有的才是有价值的"。这一问题在 【24】普芬道夫的著作中再次出现，并在 19 世纪 70 年代被新古典的边际效用分析完全消解。

斯密花了很大精力来解释交换价值，即价格。我们可以从中辨别出至少三种不同的理论。首先，他有一个原始的劳动价值论：

> 例如，一般地说，狩猎民族捕杀 1 头海狸所需要的劳动，若 2 倍于捕杀 1 头鹿所需要的劳动，那么，1 头海狸当然换 2 头鹿。所以，一般地说，2 天劳动的生产物的价值 2 倍于 1 天劳动的生产物，2 小时劳动的生产物的价值 2 倍于 1 小时劳动的生产物，这是很自然的。

(p. 65)

接下来，他引入了一种修正：如果某种劳动异常繁重，或者需要非凡的灵活性和独创性，那么这将会赋予其产品更高的价值，即超出其劳动时间通常应得的价值。这种原始的劳动价值论——即认为不同商品的相对价格反映了各自商品生产过程中劳动投入的比率——被视为仅仅适用于"资本积累和土地私有尚未发生以前的早期未开化的野蛮社会"（p. 63）。而在更为发达的社会中，即机器和其他类型的资本被用于生产，土地为私人所有时，价格形成变得更为复杂。在这里，斯密求助于一个基于生产成本的更为一般的价格理论来给出解释。在这种情况下，并非所有产品都归劳动者所有。其中一部分归生产过程中使用的资本的所有者所有，还有一部分被地主占有："任何一个国家的土地一旦全部变为私有财产，地主就会试图不劳而获，在这点上，地主与所有其他人完全一样。甚至对土地上自然生长出来的产物，地主也会索要地租。"（p. 67）在斯密的世界里，工人、资本家和地主是不同的人。工资、利润和地租构成了每一种商品的价格："在任何一个进步的文明社会中，所有这三者都或多或少进入了绝大部分商品的价格，成为其组成部分。"（p. 68）

斯密还有第三个补充性理论，根据该理论，价格由需求和供给决定。其基本假设在于，当工资、地租和利润处于其"正常"水平时，便会产生一个普遍存在的"自然价格"（natural price）。所有商品的价格都将不断地受其吸引，向其收敛。然而，偶尔的供求变化可能会导致市场价格暂时地偏离自然价格。这样一来，消费者或需求方也在斯密的价格理论中有所体现。但是，生产方最为重要。随着 19 世纪 70 年代第一批新古典经济学家的兴起，关注的重点被颠倒过来，需求方被视作最为重要的（见第三章）。

【25】 ## 收入分配

斯密有时被批评没有对工资、利润和地租水平是如何决定的，以及生产成果如何在这三种收入之间进行分配做出清楚的解释。但这并不意味着他在著作中没有尝试进行解释。

工资水平被认为主要是社会繁荣和资本积累的结果。它也取决于从事职业的愉快和舒适程度、学习从事某种职业的难易程度、从事某一职业所承担的信任和责任大小，以及职业是否安定、工作是否稳定。利润随风险的增加而增加，随着从事职业舒适、愉快程度的上升而下降，随着资本的增长而相对下降。在这里，我们发现了报酬递减理论的迹象，该理论将在之后发挥重要作用。地租，即出租土地的价格，既被视作由地主决定的垄断价格，又被称为从价格中扣除工资和利润后的剩余。

让－巴蒂斯特·萨伊

法国人让－巴蒂斯特·萨伊（Jean-Baptiste Say）在他20岁左右时阅读了斯密的《国富论》，15年后他出版了《政治经济学概论》（1803年），并在他生前发行了5个不同的版本。这部著作有助于斯密思想在欧洲大陆，甚至在美国——通过英文译本——的传播。

关于萨伊，至少可以谈两件事。第一，他有时被视作主观价值理论的先驱，该理论后来被新古典经济学家发扬光大。在萨伊看来，价格衡量价值，价值衡量效用。因而，效用是价格的基础。在强调个人所感受的主观效用时，萨伊与大多数其他古典经济学家不同，尤其是李嘉图，后者强调生产中所耗费的劳动是创造价值的因素。

第二，萨伊最为人所知的是"萨伊定律"（Say's law）。该定律认为，一个商品一旦被生产出来，它就向其他商品提供了市场，其大小便等于自身的全部价值。其背后的论据在于，所有生产都为生产要素提供了收入，这些收入会被用于在市场上消费。萨伊定律经常被表述为一个简单的口号，即"供给创造自身的需求"。但这一表述不应被解读为某一商品的供给创造了对这一商品的等额需求。某种商品可能会出现供给过剩，但这会被其他商品的需求过剩抵消，如此一来，整个经济的总需求绝不可能低于总供给。如果说它不仅仅意味着商品循环流转中总收入与总支出的恒等性，那么萨伊定律就驳斥了这样一种观点，即经济危机可以被解释为商品总需求不足的结果。关于萨伊定律的解释，学术界一直存在争议。该定律具有不同的版本，散落在 1803 ~ 1806 年出版的 5 版《政治经济学概论》中。对萨伊定律最强有力的反对基于以下理由：当实体和金融投资者变得悲观时，贮藏货币和信贷紧缩确实会导致商品总需求低于总供给的情况出现。

【26】

托马斯·罗伯特·马尔萨斯

英国人托马斯·罗伯特·马尔萨斯（Thomas Robert Malthus）在 1790 年成为神职人员之前，曾学过哲学、数学和神学。1805 年，他成为一名历史和政治经济学教授，执教于伦敦附近的东印度学院。他虽然因人口研究而闻名，但也在政治经济学的其他领域做出了重要贡献。马尔萨斯在他的经典著作《人口原理》（1798 年）中提出的悲观的人口理论，主要受到李嘉图和约翰·穆勒的支持，并在后来成为新马尔萨斯主义的基础。他的主要观点体现在如下引文中：

我认为，我可以正当地提出两条公理。

第一，食物为人类生存所必需。

第二，两性间的情欲是必然的，且几乎会保持现状。

这两条法则，自从我们对人类有所了解以来，似乎一直是有关人类本性的固定法则。既然迄今为止它们未发生任何变化，我们也就无权断言，于今日为然者，于将来当不为然，除非当初安排了宇宙秩序的神进行某种直接的干预，但眼下神为了创造物的利益，仍按照固定法则操纵着世间的一切。

一旦接受了上述两项公理，我便可以说，人口的增殖力无限大于土地为人类生产生活资料的能力。

人口若不受到抑制，便会以几何比率增加，而生活资料却仅仅以算术比率增加。懂得一点算术的人都知道，同后者相比，前者的力量多么巨大。

根据食物为人类生活所必需这一有关人类本性的法则，必须使这两种不相等的能力保持相等。这意味着，获取生活资料的困难会经常对人口施加强有力的抑制。这种困难必然会在某地发生，必然会被很大一部分人口强烈地感受到。

（pp. 70 – 71）①

这会有什么后果呢？苦难和罪恶。工人的工资率将被迫 【27】下降至维持生计的水平。这一思想后来在他的好友大卫·李嘉图的著作中也有所体现。马尔萨斯将他的《人口原理》修改了多版，其中第 2 版（1803 年）与第 1 版有很大的不同，

---

① 引文翻译参考了 1996 年商务印书馆出版的《人口原理》，译者为朱泱、胡企林、朱和中。——译者注

例如，他在第 2 版中将晚婚作为使人口增长与生活资料增长保持一致的众多措施之一。

在《人口原理》出版 20 多年之后，马尔萨斯出版了他的《政治经济学原理》（1820 年）。这本书属于古典传统著作，却被视作一本非正统的著作。在价格理论中，马尔萨斯进一步详尽阐释了供给和需求的概念，反对萨伊定律和经济自发地达到充分就业的观点。他提出了消费不足和储蓄过度的理论要素。萨伊认为经济发展是由总供给唯一决定的，而马尔萨斯却指出经济增长还可能受到需求不足的限制。这一思想与百年后的凯恩斯思想产生了关联（参见第五章）。

大卫·李嘉图

大卫·李嘉图（David Ricardo）1772 年出生于伦敦一个富裕家庭。他的父母是来自阿姆斯特丹的移民，父亲是一名股票经纪人。14 岁时，李嘉图便开始随父从事证券交易活动。7 年后，他因与贵格会教徒结婚违反犹太教习俗而与家庭脱离关系，自此独立开展证券交易活动。凭借自身的能力以及交易所朋友们的帮助，他作为一名股票经纪人依然取得了成功，并很快成为金融巨富。在 1810 年代，他成为货币政策领域一位有影响力的参与者，认为英国发生通货膨胀是因为银行券过度发行。他还支持自由贸易，批评英国对谷物进口的限制（即《谷物法》）。1819 年，他买下了爱尔兰选区的一个席位，成为一名英国下议院议员。

大卫·李嘉图也许不如斯密那样具有开创性，他的理论在很大程度上是建立在斯密的思想基础之上。尽管如此，鉴于分析的敏锐性，作为经济学家，他享有和斯密一样高的声誉。李嘉图最为重要的著作是《政治经济学及赋税原理》（1817 年）。这本书的主要部分是关于收入的功能性分配，即收入在工人、资本家和地主之间的分配。价值理论是其中的一个重要的相关要素。李嘉图的地租理论包含有边际主义的要素，这构成了新古典经济思想的先驱（见第三章）。第 3 版《政治经济学及赋税原理》（1821 年）增加了"论机器"一章，是有关技术进步对就业影响的早期分析。李嘉图认为，在某些条件下，对新机器的投资可能会增加长期失业。【28】李嘉图最广为人知的贡献，或许是他关于国际贸易的比较优势理论。但是，他留给现代经济学最大的遗产，也许是他的推理方法。他构建了理论模型，并发展了经济学的演绎法。按照这一方法，他通常从一系列假设出发，以清晰的逻辑步骤演绎推导出他的定理。这与斯密更为看重归纳推理形成了鲜明的对比。斯密通常是从对现实世界的观察出发，来讨论其中的原理，归纳得出一般性结论。运用其演绎方法对斯密的思想洞见进行严谨的重新考察，使李嘉图成为古典经济学派的第二位伟大代表。下面我们对他关于政治经济学原理的一些看法稍做展开介绍。

价值

李嘉图的《政治经济学及赋税原理》的第 1 章就讨论了价值，这表明价值问题对他而言至关重要。亚当·斯密对使用价值与交换价值的区分是他探讨的出发点。同斯密一样，他主要使用"价值"（value）一词来表示"交换价值"或"可交换的价值"。

李嘉图改进了斯密的劳动价值论。他一次又一次地明确改变其假设，并从一个个事例中推导出结论。为了具有交换价值，商品必须具有用处。具有有用性的商品的交换价值来自两个源泉：一是它的稀缺性，二是获得它时所需的劳动量。对于稀有的雕塑、名画、珍本或古钱币等商品，其稀缺性是交换价值的唯一源泉。由于其数量无法增加，其价值与其生产中所使用的劳动量无关。然而，这种类型的商品只占市场交易商品的一小部分。因此，李嘉图将它们放到一边，专注于"那些可以由人类劳动不断生产出来，不受限制地参与竞争的商品"（p. 12）。

亚当·斯密认为，如果对于一个狩猎民族来说，捕杀一只海狸所需要的劳动量一般来说相当于捕杀一头野鹿所需要的劳动量的两倍，那么一只海狸自然就应该可以换到两头野鹿。这也正是李嘉图分析的出发点。同斯密一样，他意识到这个原理在不那么简单的情况下需要加以限定。劳动可能并不同质，存在着简单劳动与复杂劳动之别，但当市场考虑到这一点时，工资的差异往往会随着时间的推移而变得相当稳定，商品的相对价值也会如此。劳动不仅可以直接用于消费品的生产，而且可以间接用于消费品的生产，即用于中间产品的生产。这种间接劳动也将被包含在消费品的价值当中：

【29】　　　　如果我们假设社会的行业有了扩展，有些人提供捕鱼所需的独木舟和捕鱼用具，而另一些人提供种子和简陋的农业工具，那么上述原理同样是正确的。也就是说，生产出来的商品的交换价值与投入在其上的劳动成比例。生产商品所投入的劳动不仅指直接生产，而且还包括投入在为实施这一特定劳动所使用的一切器具或机

器上的劳动。

(p. 24)①

当间接劳动与直接劳动之间的比例并不相同时，不同商品生产过程中的直接劳动量之间的关系决定商品的相对价值这一原理就必须加以修正。中间产品——比如机器，具有不同的使用寿命，并且在生产时可能需要不同的劳动量。"同样，用于支持劳动的资本与投资于工具、机械和厂房的资本，二者之间也可以以不同的比例组合。"（p. 30）李嘉图在此暗示了一种复杂性，这种复杂性后来在马克思破解价值理论中扮演了重要角色。当在不同商品的生产中直接劳动与间接劳动（实物资本）的相对投入不同时，这些商品的相对市场价格就会偏离生产它们的总劳动投入。其背后的原因在于，通过资本家之间的竞争，会出现利润率平均化的趋势。当李嘉图放弃最为简化的假设时，他逐渐从劳动价值论中退却，该理论被简化为一个粗略的近似。

用于支持劳动——如食物和衣服——的实物资本，被称为"流动资本"；机器和厂房等耐用器具是"固定资本"。李嘉图从斯密那儿继承了这一区分，并像斯密以及其他许多人一样，在多种意义上使用"资本"一词。有时它指的是实物资本，即有形的资本品，如"机械和其他固定、耐用资本"（p. 30）；在其他情况下，它又指的是货币资金，比如"对于一个制鞋业主来说，其资本主要用于支付工资以购买食物和衣服"（p. 31）。

---

① 有关李嘉图的引文翻译参考了 2013 年华夏出版社出版的《政治经济学及赋税原理》，译者为周洁。——译者注

地租

李嘉图的地租理论具有历史意义，因为它是早期详述边际原理和报酬递减的实例，它们后来成为新古典经济学的核心思想。但有一点不同：新古典分析主要研究同质投入要素的边际报酬变化，而李嘉图则侧重于异质投入尤其是土地的【30】异质投入。根据他的定义，"地租是为使用土地的原有的和不可摧毁的生产力而付给地主的那一部分土地产品"（p. 67）。如果一个好地方有大量肥沃的土地，只有一小部分被用于耕种，那么土地将会是一种免费品，不需要支付地租。然而，随着人口的增加，当劣等土地不得不被耕种时，便需要为更好的土地支付地租。

让我们来看看李嘉图的地租示例。假设有三块土地：1号、2号和3号，它们大小相等，但质量不同。在投入等量的资本和劳动的情况下，这三块土地分别能够净收获100夸脱、90夸脱、80夸脱的谷物（见表2-1）。

> 在一个新开垦的地区，相对于人口而言有丰富的肥沃土地，因而人们只需耕种1号土地，全部净产品归属于耕种者并成为其所垫付资本的利润。当人口增加到一定程度时，人们必须耕种维持劳动者生活后仅获90夸脱的2号土地时，1号土地便开始产生地租，因为要么农业资本必须有两个利润率，要么必须从1号土地中抽取10夸脱或相当于10夸脱的价值用于其他目的。
>
> （pp. 70-71）

这个"其他目的"就是地租。如果人口进一步增加，3

号土地也会被耕种，1 号土地地租就会随之增长，2 号土地也会开始产生地租，从而导致以下情况出现。

【31】

表 2 - 1　李嘉图地租示例

单位：夸脱

土地类型	产量	地租
1 号	100	20
2 号	90	10
3 号	80	0
总计	270	30

产生地租的驱动力，同样是资本家之间竞争所内在形成的利润平均化趋势。由于即便是边际土地也必须产生一定的利润才会被耕种，市场价格（交换价值）于是将会达到这样一个水平：按照该水平单位成本较低的更为肥沃的土地会产生超额利润。当资本家为了租种或占有更为肥沃的土地而彼此竞争时，这种超额利润便会转化为地租向地主支付。

同样的原理也适用于其他"质量不尽相同"（p. 75）的自然资源。如果它们可以被占有，并且获取各种质量的自然资源的机会是有限的，那么当不同质量的资源都被投入使用时，它们就会产生租金。除了自然资源外，李嘉图的地租理论还可以扩展用来解释其他问题，如不同地点相同类型的建筑物（私人住宅、办公室、商店等）之间的价格差异。在该章末尾李嘉图举例说明了，如果将问题换成在某块土地上使用不同数量的资本，将会如何得到类似的结果。

对于李嘉图而言，仅仅在一个无法改变的世界中建立基本原理是不够的。工业革命已然开始，他目睹了他周围的变化。增长问题因而十分重要，他分析了人口增长和技术进步【31】

（机器改良、作物轮作等）的影响。但这并没有消除他的这样一种信念，即从长远来看，土地报酬递减会抵消这些发展成果，最终导致一种静止的、无增长的经济。

对外贸易

李嘉图认为，国际自由贸易对于一国而言是非常有益的。在他的《政治经济学及赋税原理》中为数不多的一个充满诗意的段落中，李嘉图描述了追求个人利益与国家财富之间的关系，让人联想到斯密的"看不见的手"：

> 在商业完全自由的体制下，各国都必然地将其资本和劳动用于对本国最有利的方面。这种对个体利益的追求很好地同整体的普遍利益联系在一起。通过奖励勤奋、奖励智巧和有效利用自然所赋予的各种特殊力量，它能够最有效并最经济地分配劳动。提高生产总额，让人们都受益，用相互有利和交往这一共同纽带把文明世界的各民族结合成一个大同社会。正是由于这一原则，葡萄酒得以在法国和葡萄牙酿制，谷物得以在美国和波兰种植，而金属制品和其他商品得以在英国生产。

（pp. 133 – 134）

李嘉图"论对外贸易"这一章中最为著名的部分，在于他对比较优势（或比较成本）的分析。该分析表明，各国进行专业化分工从而进行国际贸易几乎总是可行的。他给出的具体实例依然可以在现代教科书中找到。首先，假定葡萄牙和英国都能够生产葡萄酒和布。在葡萄牙，生产葡萄酒可能【32】需要80人1年的劳动，即80人·年（person-years），而生产布则需要 90 人·年。在英国，生产同样数量的酒和布分别需要 120 人·年和 100 人·年（见表 2 – 2）。

表 2 – 2　对外贸易示例

单位：人·年

国家	布	葡萄酒
英国	100	120
葡萄牙	90	80

因此，在这两个部门的生产上，葡萄牙的生产者都比英国的生产者更有效率。如果劳动和资本可以在两国之间自由流动，那么"毫无疑问，在这种情况下，葡萄酒和布都应该在葡萄牙生产，这不论是对于英国的资本家还是对于两国的消费者而言都是有利的。为此，应该将英国用以生产布料的资本和劳动都转移到葡萄牙"（p. 136）。但是，劳动和资本在两国之间并非自由流动的。关于劳动，李嘉图似乎认为其不可流动性是不言而喻的。至于资本，他（pp. 136 – 137）像斯密在其论"看不见的手"的那一段中一样，援引了本土偏好论："对于资本家而言，将资金投入国内更安全也更容易，即使投资于国内所产生的利润率低于投资于国外。"

鉴于生产要素的流动性是有限的，对英国来说，向葡萄牙出口布并从葡萄牙进口葡萄酒是有利的，并且这个贸易甚至也会使葡萄牙受益。因此，"尽管葡萄牙进口的商品可以在葡萄牙以少于英国的劳动生产，贸易还是有可能发生"（p. 135）。与葡萄牙相比，英国生产布要比生产葡萄酒相对更有效率，因为生产布的相对成本 100/90 低于酒的相对成本 120/80。而葡萄牙则在生产葡萄酒上相对更有效率，因为相对成本 80/120 低于 90/100。由此得出的结论是，通过专业化分工和贸易可以增加总产出。如果 90 + 80 个葡萄牙人只生产葡萄酒，100 + 120 个英国人只生产布，那么葡萄酒和布的产量均会增加。通过利用各自在生产中的比较优势，所有国家都可以从对外贸易中获益。

约翰·斯图亚特·穆勒

随着约翰·斯图亚特·穆勒（John Stuart Mill）的出现，古典政治经济学在当时的影响力达到了顶峰。约翰·穆勒基本上是一位哲学家，在他父亲詹姆斯·穆勒（James Mill）的科学思想精神的熏陶下长大。他对逻辑学做出了贡献，并成为功利主义（utilitarianism）的杰出代表人物。功利主义是一种道德哲学理论，认为人类行为应根据其所产生的公共和【33】私人效用来支配和评判。约翰·穆勒的《论自由》（1859年）对于有关言论自由以及个人与政府之间关系的自由思想方面，一直十分重要。相较于经济和社会问题，约翰·穆勒的自由放任主义态度更为明显地体现在言论自由上。

从约翰·穆勒的主要经济学著作《政治经济学原理及其在社会哲学上的若干应用》（1848 年）的书名中，我们可以看出他的研究范围广泛。这本书在 19 世纪下半叶成为经济学家的"圣经"。约翰·穆勒认为，李嘉图已大体上解决了所有经济理论的基本问题，而他自己只是在扩展和修正李嘉图的学说。但约翰·穆勒所研究的社会问题的广度，更容易让人想起斯密。他兼收并蓄，同时又富有创新精神。他在《政治经济学原理及其在社会哲学上的若干应用》中加入了一些新的元素，如"机会成本"（opportunity costs）概念和精炼的节欲利息论，这些与李嘉图学说的基石并非完全一致。像大多数其他古典经济学家一样，穆勒也预测未来经济将会走向一个静止状态，即增长终将结束。但在穆勒看来，这种状态不一定是糟糕的。这可能意味着，人类能够从不断追求物质进步的思想中解放出来，会获得内心的平静，追求更为崇高的目标。

卡尔·马克思

在任何科学或艺术领域，"古典"（classical）一词都可以被理解为一种业已确立的、最为典型的思维和表达方式——这种过去的"最佳实践"为现在设立了标准。古典政治经济学对当前的经济思想而言无疑扮演了这一角色。但是，其中的"古典"还体现在另一个被现代经济学忽视的意义上：它从阶级（class）的角度定义了经济中的关键主体。古典政治经济学修正了重农主义（见第一章）的阶级概念，根据背后的生产要素（资本、劳动和土地）及各自的收入来源（利润、工资和地租）区分了资本家、工人和地主。与斯密和李嘉图一脉相承，绝大部分古典经济学家将资本家看作经济的驱动力。通过投资和资本积累，他们将扩大生产并扩展市场，直到所有赚取额外利润的机会都被耗尽。这个故事（在某种程度上）的美好结局因而将会是一种静止状态，在这种状态下，经济将在没有增长的情况下不断再生产出自身，而各阶级之间的收入分配保持不变。这种相当和谐的图景受到了卡尔·马克思（Karl Marx）及其追随者的挑战，他们利用李嘉图理论，认为"资本主义生产方式"是建立在对工人不可持续的剥削之上的。而阶级斗争迟早会导致一场革命，将这一制度转变为社会主义。【34】

1818 年，马克思出生于当时属于普鲁士莱茵省的特里尔。在波恩大学和柏林大学学习了法律、哲学和历史，并在耶拿大学获得了哲学博士学位后，马克思成了自由派报纸《莱茵报》的一名记者兼编辑。1848 年之前，当一些欧洲国家发生起义和民主革命时，马克思在政治上非常活跃，变得越来越激进，并在 1847 年协助创建了共产主义者同盟（Communist League）。他与他一生的朋友和资助者弗里德里希·恩格斯（Friedrich Engels，1820 ~ 1895 年）一起发表了《共产党宣言》（1848 年）作为该同盟的纲领。他们在《共产党宣言》中已表达了"资本主义是充满阶级斗争的历史中的一个过渡阶段"的思想。

在巴黎、布鲁塞尔等地经历了多次被起诉与流放后，马克思于 1849 年在伦敦定居，在那里度过了他的余生。他试图对他那个时代的经济学著作进行批判性检视和拓展，从而为他的政治观点赋予科学基础。像早期的社会主义者——如克劳德·昂利·圣西门（Claude Henri de Rouvrouy Saint-Simon，1760 ~ 1825 年）、罗伯特·欧文（Robert Owen，1771 ~ 1858 年）和莱昂纳尔·西蒙德·德·西斯蒙第（Léonard Simonde de Sismondi，1773 ~ 1842 年）——一样，马克思反对生产资料的私有制。然而，在他看来，早期的社会主义者无法对资本主义的"运动规律"做出适当解释。马克思对李嘉图从一般假设中推导出具体结论的方法更加着迷，并且把李嘉图的方法与哲学家黑格尔（Georg Wilhelm Friedrich Hegel）的辩证法联系了起来——在马克思的思想成型时期，他曾对后者进行了广泛研究。经过对古典政治经济学和其他文献将近 20 年的研究，马克思于 1867 年出版了其代表作《资本论》的第一卷，第二卷和第三卷则分别在马克思去世后的 1885 年和 1894 年出版。在下文中，我们将概述这三卷著作的一些主要思想。

价值和资本

在马克思看来，当时的生产方式的主要特征在于，通过在"等价"交换的市场体系中"剥削"工人而实现生产和资本积累。乍看之下，这似乎是一种自相矛盾的说法，但这一结论是从一系列古典论点的特定组合中得出的。像斯密和李嘉图一样，马克思以对价值概念的讨论作为他分析的起点。在资本主义社会，商品主要是为市场而生产的，而每件商品都具有两面性：一方面是自然形式或使用价值，另一方面则是具有可交换性的社会形式。根据马克思的观点，交换价值是物化在商品中的人类劳动的表现形式。马克思将相同的逻 【35】辑应用于交换中的一般等价物——货币。在那个时代，货币仍然以金属储备（黄金和白银）为主，因而也是劳动这一唯一"价值创造的实体"的产物。然而，并非所有劳动都形成价值，此处的重要限定是"社会必要"劳动，即只有平均投入才有意义。

> 体现在商品世界全部价值中的社会的全部劳动力，在这里是当作一个同一的人类劳动力，虽然它是由无数单个劳动力构成的。……每一个这种单个劳动力，同别的任何一个劳动力一样，都是同一的人类劳动力，只要它具有社会平均劳动力的性质，起着这种社会平均劳动力的作用，从而在商品的生产上只使用平均必要劳动时间或社会必要劳动时间。……社会必要劳动时间是在现有的社会正常的生产条件下，在社会平均的劳动熟练程

度和劳动强度下制造某种使用价值所需要的劳动时间。

*(Capital，vol. I，p. 129)*①

为了给他的剥削论寻找分析基础，马克思回到了劳动价值论，而李嘉图在他的《政治经济学及赋税原理》里则已经在越来越复杂的分析中逐渐远离了这一理论。马克思把"劳动力"定义为一种商品，通常没有其他收入来源的工人会在一定时间内出售其劳动力，以供其雇主支配。在竞争中，平均工资会趋近于劳动力的价值，而后者取决于为劳动者提供食物、住所和教育以再生产劳动力时所需的劳动投入。然而，马克思认为，劳动力是一种特殊的商品，可以创造出大于其再生产成本的价值。它是一种能够带来超过其价格（即劳动力市场上支付的工资率）的剩余价值的商品。

在这里，资本进入了马克思的理论图景。根据马克思对资本主义生产方式的定义，商品的生产本质上是为了将投资的资金转化为更大的资金，从而产生利润。资本家购买生产资料（机器、原材料等）和劳动力，并将它们结合起来生产商品，然后出售。鉴于有大量的劳动力供给（马克思将其解释为资本主义的内生结果——见下文），平均工作时间会长于弥补支付劳动力和资本再生产的成本所需的时间。当资本家支付工资，以货币等价交换劳动服务时，剩余归资本家所有。剩余是利润（即投入资本的回报率）的来源。至少有一部分利润会被重新投资，用于扩大资本存量并雇佣更多的劳**【36】**动力。因此，在马克思看来，资本积累建立在对劳动进行剥削的基础之上。

---

① 引文翻译参考了 2004 年人民出版社出版的《资本论》第一卷。——译者注

再生产、增长和危机

《资本论》第二卷和第三卷将重点放在"社会总资本"的生产、流通和再生产上。马克思以魁奈对商品和货币的循环流转的分析（见第一章）为基础，讨论了资本主义经济随着时间推移而不断发展的条件。马克思用著名的"再生产图式"（第二卷第三篇）提供了一个宏观经济模型，其中经济被分为两个部门。第一个部门生产生产资料（用现代语言来说，就是资本品），第二个部门则生产消费品。在研究的第一阶段，马克思研究了"简单再生产"的部门和时序条件，即经济保持静止状态所需的不同商品生产、流通的比例与时间要求。在第二阶段，他开始分析"扩大再生产"，即经济增长的条件。马克思的分析模式影响了 20 世纪有关经济周期和增长问题的研究，尽管很少有人引用他的作品。

马克思认为，资本主义经济的增长过程是周期性的，即资本主义经济的增长是与危机相伴随的，而这一制度最终将在革命和向社会主义制度的转变中走向终结。他在《资本论》第三卷中阐述了这一观点。其背后的论证涉及总资本组成部分的结构变化。马克思修改了"固定资本"和"流动资本"的古典术语，认为总资本（K）分为"不变资本"（c）和"可变资本"（v），因此有 $K = c + v$。工资支付的总和被认为是可变资本，因为用于价值创造的劳动的开支会带来剩余价值（s），从而使资本增加。相应地，"不变资本"指的是用于所有其他投入（机器、厂房等）的支出，其价值会转移到产出上，但并不会增加。

这样，在简化形式中，可以对利润率 r 进行如下定义：$r = s/K = s/(c + v)$。在经济发展过程中，资本积累将为不断增加的机器及其他不变资本的使用提供资金，以提高劳动生产率，从而提高总利润。然而，根据马克思的观点，伴随而来的资本密集性（capital intensity）c/v 的上升会产生两大重要影响，导致周期性波动，并最终导致整个体系的崩溃。在短期内，生产率的增长可能非常强劲，以至于会出现周期性的生产过剩或消费不足，因为工人的工资和其他货币收入 **【37】** 将不足以使商品的需求与供给相等。危机由此而来，并导致失业与需求的进一步减少。周期性危机会随着商品价格的下跌和不变资本的贬值而平息，但它们会在劳动力市场上留下痕迹。由于技术进步具有节省劳动的效果，每次危机都会使更多的工人加入不断增长的"产业后备军"中，从而通过竞争的方式压低实际工资。

按照马克思的说法，资本密集性提高的长期影响是"利润率日益下降的趋势"，他甚至把这种现象称为一种"规律"（第三卷第 13 章）。随着不变资本份额的增长，$r = s/K$ 必定下降，因为剩余只来源于份额不断下降的可变资本的创造。马克思列举了一些可以减缓平均利润率下降趋势的"起反作用的因素"（第三卷第 14 章），如不变资本各要素变得便宜、劳动剥削程度提高或者进行对外贸易。尽管如此，他还是预言资本主义生产方式将因其"内在矛盾"而瓦解。利润率的下降，以及紧随周期性危机而来的工人和中间阶级的日益贫困化，迟早会导致投资的停滞、激烈的阶级斗争，以及最终的社会主义革命。众所周知，在 20 世纪，各种共产主义及其他党派的表现就如同马克思的预言已经成真。许多马克思主义学者，特别是罗莎·卢森堡（Rosa Luxemburg，1870～1919 年）和鲁道夫·希法亭（Rudolf Hilferding，1877～1941年），都试图修正并拓展马克思的宏观经济理论。然而，在一百多年后，似乎要么是马克思提出的"利润率日益下降趋势"的规律错了，要么就是"起反作用的因素"过于强大。

古典经济思想的遗产

在理论上，古典政治经济学现在被尊奉为现代新古典经济学之母。但在实际操作中，它却主要被简化为经典引文库——最好来自斯密或约翰·穆勒。按照现代标准，斯密的归纳方法和轶事风格、李嘉图的数值示例，以及约翰·穆勒和马克思的夹叙夹议，大多被认为是过时的思维方式。甚至"政治经济学"（political economy）这个标签也不再流行了，只有马克思主义经济学家还在使用。近几十年来，虽然这一标签重回主流，但现在仅用来指代运用经济学方法来分析政治行为的分支领域。

尽管如此，我们却难以否认一些古典经济学的信条和方法依然在现代经济学中保留了下来，毕竟其中大部分都带有"新古典"（neoclassical）的标签。李嘉图的演绎方法仍然在使用，斯密的"看不见的手"的隐喻可以用来描述新古典一般均衡理论的核心。另一个突出的例子是李嘉图的比较优势【38】理论，该理论在埃利·赫克歇尔（Eli Heckscher，1879～1952年）、贝蒂·俄林（Bertil Ohlin，1899～1979年）、戈特弗里德·哈伯勒（Gottfried Haberler，1900～1995年）、沃尔夫冈·斯托尔珀（Wolfgang Stolper，1912～2002年）和保罗·萨缪尔森（Paul Samuelson，1915～2009年）的重要贡献之中，沿着新古典经济学的路线得到了进一步发展。其中的一大创新是让不同生产要素的比例决定贸易模式；另一大创新在于用"机会成本"概念取代"直接生产成本"，这个思想在约翰·穆勒那里就出现了。现代国际贸易理论进一步放松了李嘉图的限制性假定，引入了不完全竞争、要素流动性和其他复杂因素，但是其基本结论并未改变，即从专业化和贸易中可普遍获益。

斯密、李嘉图、约翰·穆勒和马克思的影响，也可以在现代经济周期、增长和发展理论中找到。其中一个尽管不易归类却值得注意的例子，是通过"创造性毁灭"（creative destruction）实现经济发展的理论。这种经济发展理论，是奥地利经济学家约瑟夫·熊彼特（Joseph Alois Schumpeter，1883～1950年）综合斯密的经济哲学与马克思的周期性增长理论和其他要素提出来的。

下一章我们将更详细地讨论新古典经济学及其与古典政治经济学之间的关系。但就此我们应该关注一下"新李嘉图学派"（neo-Ricardian school）——一个明确表示要复兴和重建与新古典经济学相对立的古典思想的学派。该学派的主要代表人物是意大利籍剑桥经济学家皮耶罗·斯拉法（Piero Sraffa，1898～1983年）。在其《用商品生产商品》（1960年）中，斯拉法表明，生产价格体系的决定并不需要诉诸（新古典经济学的）边际生产率和边际效用原理，也不用求助李嘉图已经逐渐被人们放弃的（古典经济学的）劳动价值论。该相对价格体系及平均利润率（或平均工资率）和地租，可以从工资率（或利润率）、总产出水平和结构以及不同商品的生产技术集数据中推导得出。例如，如果工资率上升，那么价格就会变化，利润率也会下降。价格和利润因而必定是同时被决定的。通过证明相对价格对收入分配的依赖性，新李嘉图学派保留了古典政治经济学的一个特征要素。

参考文献

［1］ Blaug, Mark (1997) *Economic Theory in Retrospect*, 5th ed. Cambridge：Cambridge University Press.

［2］ Kurz, Heinz D. and Salvadori, Neri (2000) Piero Sraffa's Contributions to Economics：A Brief Survey. In Kurz, Heinz D. (ed.), *Critical Essays on Piero Sraffa's Legacy in Economics*. Cambridge：Cambridge University Press.

［3］ Malthus, Thomas Robert (1798) ［1970］ *An Essay on the Principle of Population.* Harmondsworth：Penguin Books.

［4］ Marx, Karl (1867) ［1976］ *Capital*：*A Critique of Political Economy*, vol. I. Harmondsworth：Penguin Books.

［5］ Marx, Karl (1885) ［1909］ *Capital*：*A Critique of Political Economy*, vol. II：*The Process of Circulation of Capital.* Chicago, IL：Charles H. Kerr & Co.

［6］ Marx, Karl (1894) ［1909］ *Capital*：*A Critique of Political Economy*, vol. III：*The Process of Circulation of Capital.* Chicago, IL：Charles H. Kerr & Co.

［7］ Ricardo, David (1817, 1821 3rd ed.) ［1951］ *On the Principles of Political Economy*, *and Taxation* (The Works and Correspondence of David Ricardo, vol. I, ed. by Piero Sraffa). Cambridge：Cambridge University Press.

［8］ Ryan, Alan (1987) Mill, John Stuart. *The New Palgrave*：*A Dictionary of Economics.* London, Basingstoke：Macmillan.

［9］ Smith, Adam (1776) ［1979］ *An Inquiry into the Nature and Causes of the Wealth of Nations.* Ed. by R. H. Campbell, A. S. Skinner and W. B. Todd. Oxford：Clarendon Press.

［10］ Sowell, Thomas (1987) Say, Jean-Baptiste. *The New Palgrave*：*A Dictionary of Economics.* London, Basingstoke：Macmillan.

［11］ Spiegel, Henry William (1971) *The Growth of Economic Thought.* Durham, NC：Duke University Press.

第三章

新古典经济学

理性经济行为的法则

新古典经济学的崛起通常可追溯到 19 世纪 70 年代，它的一个鲜明特征在于使用边际概念来确定驱动市场供求力量的行为，如边际效用、边际成本和边际收益。

　　新古典经济学的崛起通常可追溯到 19 世纪 70 年代，它　【40】
的一个鲜明特征在于使用边际概念来确定驱动市场供求力量
的行为，如边际效用、边际成本和边际收益。因此，一些作
者更喜欢用"边际主义"（marginalism）这个术语来称呼曼
彻斯特大学的斯坦利·杰文斯（Stanley Jevons，1835～1882
年）、维也纳大学的卡尔·门格尔（Carl Menger，1840～1921
年）和洛桑大学的里昂·瓦尔拉斯（Léon Walras，1834～1910
年）几乎同时提出的研究方法。新古典经济学家在运用边际
原理时参考了李嘉图提出的古典地租理论（见第二章），但
"新古典"（neoclassical）这一术语显然是在一代人之后才被
创造出来的，主要指代的是边际主义的其他方面。托尔斯坦·
凡勃伦（Thorstein Veblen）（我们在下一章将会介绍这位老
制度主义者），在 1900 年评论剑桥经济学家阿尔弗雷德·马
歇尔（Alfred Marshall）最具影响力的教科书《经济学原理》
（1890 年）时使用了该术语。在凡勃伦看来，马歇尔的经济
学之所以是新古典的，是因为它与古典政治经济学一样，均
以功利主义为基础。同样值得注意的是，1870～1900 年，
经济学家们开始改变他们学科的名称。杰文斯（Jevons）
在其《政治经济学理论》第 2 版（1879 年）序言中指出，
与 1871 年第 1 版相比，他将正文中的"政治经济学"（polit-
ical economy）改为了"单一便捷的术语'经济学'"（eco-
nomics）（见图 3 - 1）。

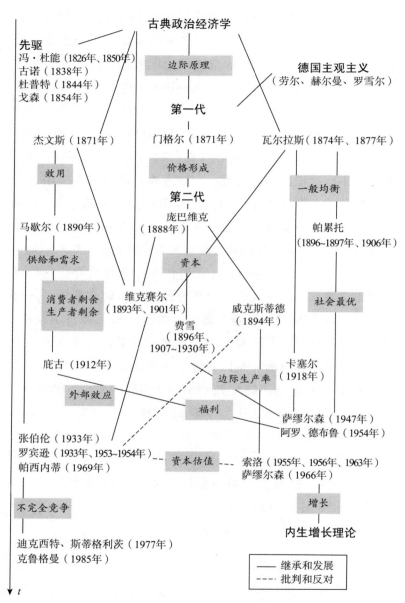

图3-1　新古典经济学谱系

"边际主义""效用""经济学"这三个术语确实有助于揭示古典经济思想与新古典经济思想之间的异同。古典经济学家将边际原理的使用主要局限于对土地和其他不可再生资源的租金的解释上，而新古典经济学家则将其推广为理性经济行为的普适性原理。古典经济学家依据经济主体的生产要素贡献（劳动、土地和资本）将经济主体划分为三类。他们主要关注商品供给，而这是由资本家的逐利行为以及与之相伴的资本积累过程驱使的。而在新古典的世界里，阶级划分被消费单位和生产单位（现在被称作家庭与企业）这一简单划分所取代。家庭的效用最大化决定了他们对商品的需求，【42】同时也决定了他们对企业要素服务的供给。与古典的世界一样，企业将生产要素结合起来生产商品并追求利润的最大化。但是现在企业这样做只是为了向以这种或那种方式拥有企业的家庭提供要素收入，这些收入最终又会被用于消费。关注的重点不再是资本积累这样一种推动经济体系不断扩张直到最终在静止状态下达到长期均衡的力量，而是转向去证明竞争性市场上的经济主体在任何时候都将实现的——更确切地说，是在一瞬间就能实现的——供求均衡的存在性、唯一性和稳定性。

遵循效用和利润最大化的基本假定，或许是许多早期新古典经济学家倾向于使用数学作为研究工具的一个原因。他们当中的一些人开始仿效自然科学的研究方法，认为他们的学科是一门如同力学或物理学其他部分的精确的科学。与之相关的一个特征在于，新古典经济学家比他们的先辈更加注重区分经济分析与政策建议。所有这些均解释了该学科名称由"政治经济学"向"经济学"的转变——这一点在杰文斯的著作（Jevons，1879）中已经出现，并在马歇尔的著作

（Marshall，1890）标题中彰明昭著。

另一大差异在于，新古典经济学家主要研究的是微观经济问题，即单个经济主体（家庭、企业、市场）的典型行为；而古典经济学家则更注重从宏观方面考察。依靠市场价格进行资源配置，在新古典经济学与古典经济学的分析中都十分重要。但是，一旦涉及价格的形成，二者就出现了不同。大多数古典经济学家将重点放在生产成本上，认为至少在长期价格由成本决定，需求仅仅在短期影响市场价格。而新古典经济学家则认为价格是由"偏好和技术"，即消费者偏好与可用的生产技术这种底层数据决定的。

随着麻省理工学院的保罗·萨缪尔森（Paul Samuelson）的著作《经济分析基础》（1947年）的问世，以及斯坦福大学的肯尼斯·阿罗（Kenneth Arrow，生于1921年）和芝加哥大学的杰拉德·德布鲁（Gerard Debreu，1921～2004年）研究成果的面世，特别是他们合作的论文《竞争经济中均衡的存在性》（1954年）的发表，新古典经济学达到了另一个高峰。广义上的新古典研究进路和方法在实际经济分析中仍然占据主导地位。在高等理论领域，传统新古典经济学面临着来自博弈论、行为经济学以及近几十年来其他新兴发展的严峻挑战。

先驱

【43】

边际分析的许多要素在新古典经济学突破之前便早已存在。突出的例子可以在约翰·海因里希·冯·杜能（Johann Heinrich von Thünen，1780～1850年）、奥古斯丁·古诺（Augustin Cournot，1801～1877年）、朱尔斯·杜普特（Jules

Dupuit，1804 ~ 1866 年）和赫尔曼·海因里希·戈森（Hermann Heinrich Gossen，1810 ~ 1858 年）的作品中找到。在本章，我们将描述他们的一些主要思想。

约翰·海因里希·冯·杜能

博学多识的德国地主约翰·海因里希·冯·杜能将此前李嘉图已在他的地租理论中应用于同质商品（如谷物）生产的边际原理，系统地拓展为一种有关异质商品生产的空间分布理论。在对一个孤立的经济体的综合分析中（《孤立国》，第一卷于 1826 年出版），杜能提出了他的区位理论。运输农产品到城镇的费用随着与城镇的距离的增加而增加。当距离过远，以至于运输费用加生产成本超过产品市场价格时，这一距离上的生产就会停止。因此，《孤立国》这本书的重点在于说明成本结构如何塑造空间上的劳动分工。

在《孤立国》第二卷（1850 年）中，杜能提出了有关劳动和资本的边际主义的观点。在农场里，无论是投入更多的劳动还是资本，都会使产量和收入增加。但是，成本也会随之增加，最终达到增加的收入不够支付增加的成本这一临界点。在杜能看来，工人的数量将会持续增长，直到最后一个被雇用的工人所带来的收入与他在同一时段内获得的工资相等时。在整本书中，杜能均运用了这一边际原理，即当资源的使用达到最后一单位的成本等于它对产出贡献的价值时，利润便实现了最大化。这种对边际原理的典型运用，同样可以在现代教科书中找到。杜能在他的分析中大量使用了数学，并通常被认为是第一位使用微积分的经济学家。数理经济分析中的导数往往被解读为边际概念。

安东尼·奥古斯丁·古诺

法国也有早期边际主义者。其中最有名的是奥古斯丁·古诺和朱尔斯·杜普特。我们将主要关注古诺，他在《财富理论的数学原理的研究》（1838 年）一书中对利润最大化的【44】条件做了数学表述。让我们看看他举的最简单的例子。在这个例子中，成本可以忽略不计，因而利润最大化问题便在于收益最大化：

> 为讨论时的方便，假设某人发现他拥有的矿泉水含有其他矿泉水缺少的健身物质。他当然能将价格定为每升 100 法郎；但他很快就会因为问津者极少而认识到，这样的定价，并不是从这个产品上赚尽可能多的钱的办法。所以他将不断地降低矿泉水的价格，直到获得可能的最大利润为止；亦即，如果 $F(p)$ 表示需求规律，他在经过多次试验之后，终于得到了令 $pF(p)$ 乘积极大的 p 值，或者说，这个 p 值将由方程
>
> $$(1) \quad F(p) + pF'(p) = 0$$
>
> 所规定。

（Cournot，1963，p. 46）[①]

由于函数 $F(p)$ 表示的是某一价格水平 p 下的需求和销售数量，乘积 $pF(p)$ 便等于总收益。使总收益最大化的价格满足总收益对价格的一阶导数为零，即满足在此价格水平

---

① 引文翻译参考了 1994 年商务印书馆出版的《财富理论的数学原理的研究》，译者为陈尚霖。——译者注

上边际收益为零这一条件。如果将总收益的表达式 $pF(p)$ 对价格 p 求导，并令其等于零，便得到式（1）。

　　对于古诺的这个例子，我们可以做两点评论。第一，他分析的是一个垄断的例子：该矿泉水含有"其他矿泉水缺少的健身物质"。对于古诺而言，垄断是合适的分析起点。许多卖者的竞争是他之后分析的特殊情况。与之不同，现代新古典经济学通常将完全竞争作为一般情况。第二，我们可以发现，一旦分析的是最大化条件，几乎自然而然就会产生边际主义。在经济分析中，导数通常被解读为边际量。因此，导数 $F'(p)$ 值表示的是，价格边际上的变化（1 法郎）带来的需求量的变化。

　　另外，值得一提的是，古诺和劳尔（Karl Heinrich Rau，1841）可以被称为价格 – 数量空间供求图的发明者，该图在现在的经济学教科书中十分常见，并通常以"马歇尔交叉"（Marshallian cross）或"马歇尔剪刀"（Marshall's scissors）的名称出现（见下文）。

赫尔曼·海因里希·戈森　　　　　　　　　　　　【45】

　　1854 年，普鲁士公务员赫尔曼·海因里希·戈森（Hermann Heinrich Gossen）出版了《人类交换规律与人类行为准则的发展》（原文为德文，后翻译成英文）。这是一本关于人类关系的决定因素和行为准则的著作，该著作直到他去世之后才为人所知。戈森既是一位边际主义者，同时又是所谓的"主观价值论"的早期代表之一。主观价值论认为，事物的价值反映了个人使用它所感受到的效用或享受。

　　戈森的名字随着他提出的两条定律而流传下来，这就是"戈森第一定律"和"戈森第二定律"。"戈森第一定律"是现在所谓的"边际效用递减规律"的一个版本，它指的是，你拥有的一种商品——如面包——的数量越多，你从额外的这种商品——如新增加的一条面包——中获得的效用或享受就会越少。"戈森第二定律"则是从"戈森第一定律"和以下假设推导而来的。该假设认为，由于支付手段有限，对一商品的需求尚未完全饱和。预算约束下的效用最大化意味着，花费在不同商品上的最后一单位金钱对所有商品而言，应该带来相同的额外效用。如果这一条件未予满足，如花在面包上的最后一单位英镑或美元所带来的消费者效用增加少于花在苹果上的最后一单位所带来的效用增加，那么该消费者就可以通过购买更少的面包而购买更多的苹果来增加他的效用。效用最大化同样意味着，商品的边际效用（即1边际单位的效用）与其价格之比，对于所有被大量消费的商品而言是相等的。这些均是初级微观经济学众所周知的结论。虽然戈森的方法与现代教材略有不同，但二者的主要结论大致相同。

为何只是"先驱"

杜能、古诺、杜普特和戈森（还有其他我们在此并未提及的先驱）预见到了新古典经济学的核心思想。然而，他们并没有形成一个学派。除了杜能外，他们都没有在当时生活的时代被注意到。其原因还有待猜测。在当时那个年代，交通与通信费用比现在要昂贵得多，经济学家之间的联系很难建立。并且，虽然那时学术界的联系已经相对密切，但这四个先驱当中也只有古诺一位在大学任职，且身份是数学家。

之所以如此，还因为他们的研究和写作风格。杜能形式

化的论证风格对同时代的读者而言并不容易阅读。同样，古
诺和戈森的数学著作对当时的经济学家来说也很难理解。而 【46】
工程师出身的杜普特撰写的如今十分有名的论文，在当时却
发表在经济学家很少阅读的一个工程学期刊上。

新古典经济学的突破

　　传统上认为，新古典经济学的突破可追溯至以下三位经
济学家几乎同时出版的著作，即杰文斯的《政治经济学理
论》（1871 年）、门格尔的《国民经济学原理》（1871 年）
和瓦尔拉斯的《纯粹经济学要义》（1874 年、1877 年）。我
们将遵循这一惯例，尽管由于边际主义思想在此之前已经产
生了一段时间（见上一节），这一做法并非不证自明。并且，
边际主义在一些国家——如德国和美国——长期处于相当边
缘化的位置，占据主导地位的是历史学派和制度学派（见第
四章）。下面我们将主要介绍杰文斯，并仅仅讨论门格尔和
瓦尔拉斯不同于杰文斯的重要方面。这样做是出于简洁起
见，而不是因为门格尔和瓦尔拉斯不够重要。

威廉·斯坦利·杰文斯

　　威廉·斯坦利·杰文斯（William Stanley Jevons）1835
年出生于利物浦一个富裕家庭。但他的童年笼罩在疾病缠身
和家人去世的阴影之中，并在 13 岁时遭遇家族企业的破产。
杰文斯在伦敦学习自然科学，之后到澳大利亚以化学家的身
份工作了几年，1859 年回到伦敦学习逻辑学、哲学和政治经
济学。在他最为著名的著作《政治经济学理论》（1871 年）
中，杰文斯非常渴望推动数学在经济分析中的应用。让我们

来看一看他的观点：

> 显而易见，经济学如果是一门科学，它必然是一门数学的科学。以数学的方法和用语导入道德科学的尝试，曾遭遇大量的成见。有许多人似乎觉得，物理科学才是应用数学方法的适当领域，道德科学需要有某种别的方法——是什么我不知道。但我的经济学理论在性质上纯然是数学的。不，因为我相信，我们所处置的量必定有连续的变化，我毫不踌躇，运用恰当的数学科学的分支，大胆探讨无限小量。那就是应用微分法来说明财富、效用、价值、需求、供给、资本、利息、劳动的概念，以及日常生产生活中其他各种量的概念。几乎每种科学的完备的理论都需要使用微积分，经济学的正确的理论自亦不能例外。

（p. 78）[1]

【47】

在这个方法论的介绍之后，杰文斯以一章讨论了快乐和痛苦，又用一章讨论了效用。其中的一个基本问题在于"如何估量快乐和痛苦的大小"。在这里杰文斯参考了功利主义者杰里米·边沁（Jeremy Bentham，1748～1832年）的观点。边沁认为，除了其他因素外，快乐和痛苦的数量取决于其强度、持久性、确定性和在时间上的邻近性。他总结道：

> 快乐与痛苦无疑是经济学微积分计算的最终对象。

---

[1] 有关杰文斯的引文翻译参考了 1984 年商务印书馆出版的《政治经济学理论》，译者为郭大力。——译者注

经济学的问题，是以最小努力获得欲望的最大满足，以最小量的不欲物获得最大量的可欲物，换言之，使快乐最大化。但我们且转过来，注意那引起快乐和痛苦的物理对象或行为。

（p. 101）

在讨论快乐和痛苦的来源时，杰文斯提出了"效用"（utility）的概念。他建议"用'效用'这一术语来表示一种物体借以满足我们需要的抽象性质……凡能产生快乐或避免痛苦的东西都可具有效用"（p. 101）。在杰文斯看来，"效用就是由一个人的幸福的增加来计量的，或者说，效用即是一个人的幸福的增加"（p. 106）。

区分"总效用"与杰文斯所称的"最后效用程度"，即我们今天所说的"边际效用"，是非常重要的。边际效用迟早会随着消费行为的增加而递减。在讨论边际效用递减时，杰文斯评论了我们在前一章所论及的"价值悖论"：

经济学理论是建立在最后效用程度这一函数基础上的。一般来说，对于这个函数和总效用的区别，经济学者大多没有弄清楚。且有许多谬误是由这种混淆发生的。许多对我们极有用的商品，我们对之仅予以极小的估价与愿望。没有水，我们是不能生活的，但在普通情形下，我们不认为水有任何价值。为何如此呢？仅因为我们平常有极多的水，以至于水的最后效用程度几乎降为零。我们每日都享受几乎无限的水的效用，但我们所欲消费的水随处可得，不会觉得有任何缺乏。设因天旱之故，水的供给骤然缺乏，我们对于平常认为无多大效

【48】

用的水，就感觉它有更大的效用了。

（p. 111）

效用理论引出了交换理论和价格理论，杰文斯从中推导出了现在众所周知的均衡条件。他从讨论价值概念出发，发现这一概念是模糊不清的，因而是并不恰当的。作为替代，他更青睐"交换比率"（ratio of exchange）这一术语，虽然这并没有阻止他偶尔使用"价值"（value）一词。

这一分析基于一些特定的条件。其中之一在于，有这样一个市场，两个或更多的人买卖两种或更多的商品，市场上的交易者对于供给和需求情况以及交换比率拥有完全知识（perfect knowledge）。商品是同质且完全可分的。核心信息见如下表述：

> 整个交换理论以及主要经济学理论的拱心石，是这个命题——两种商品的交换比率，是交换后诸商品量（可供消费的诸商品量）的最后效用程度的比率的倒数。

（p. 139）

这意味着，例如，如果玉米与牛肉的交换比率是 10∶1，那么对于一个实现效用最大化均衡的人来说，1 磅额外牛肉的效用就是 1 磅额外玉米的 10 倍。倘若不满足这一条件，比如说 1 磅额外牛肉的效用只是 1 磅额外玉米的 5 倍，那么对于这个人来说，按照这个交换比率换取更多玉米将是有利的。在这样的交换之后，玉米的边际效用会下降，而牛肉的边际效用会上升。追求效用最大化的个人会持续进行这样的交换，直到最后效用程度比率等于交换比率的倒数。

杰文斯反对劳动价值论。古董和类似物品的价格与投入这些物品生产中的劳动量无关。过去和现在生产的商品——如棉花、玉米和钢铁，它们的价格无论在现在还是未来都会波动，即使其劳动投入是不变的。

> 事实上，曾经支出的劳动对任何商品的未来价值都没有影响：它永远离开并失去了。在商业中，过去的事永远都是过去的事。在每个时刻，我们总是清楚地开始，着眼于以未来的效用断定事物的价值。【49】

（p. 186）

然而，杰文斯的最终立场与劳动价值论之间的距离，却不像上面这段话所表明的那么遥远：

> 劳动虽非价值的原因，在大多数场合却是决定它的条件。其决定方式如下：——价值只取决于最后效用程度。怎样做我们才能改变这效用程度呢？——增加或减少可供消费的商品呀。——怎样做我们才能增加或减少它呢？——多用或少用劳动来获取它的供给呀。如此，在劳动与价值之间存在两个步骤。劳动影响供给，供给影响效用程度，效用程度支配价值或交换比率。

（pp. 186 – 187）

什么决定了劳动的价值？杰文斯把论证的第一点和最后一点联系了起来。他认为，劳动的价值必然取决于产品的价值，而不是反过来，产品的价值由劳动的价值决定。总之，我们可以说，杰文斯在他的理论研究中强调效用，却没有完全忽视劳动和生产。

卡尔·门格尔

杰文斯的《政治经济学理论》在 1871 年面世。同年，卡尔·门格尔（Carl Menger）在维也纳出版了他的《国民经济学原理》。因为这本书，他成为奥地利新古典经济学派的创始人。现代奥地利学派的代表不愿意将门格尔归入新古典经济学家（见第六章），但他确实通过启发接下来几代的主要思想家推动了新古典经济学的崛起。

与杰文斯和瓦尔拉斯自认为是经济思想的创新者乃至革命者不同，门格尔声称自己不过是 19 世纪德国经济思想的改良者。卡尔·海因里希·劳尔（Karl Heinrich Rau，1792～1870 年）、弗里德里希·冯·赫尔曼（Friedrich B. W. von Hermann，1795～1868 年）和威廉·罗雪尔（Wilhelm Roscher，1817～1894 年）奠定了主观价值论的基础。他们将重点置于个人的想法和感受上，反对以生产成本为基础的古典价格理论，而是试图构建一个既适用于消费品也适用于生产要素的统一的价格理论。

门格尔与杰文斯、瓦尔拉斯的不同之处在于，他并没有依靠数学公式或图表来阐述他的边际主义思想。他讨论了需要和满足，通过一张表阐释了边际原理。在这张表中，递减的数字表示从不同商品的边际单位中所获得的额外满足的变化，他因而提出了边际效用递减假说，尽管没有使用这一术语。总满足程度的最大化要求花费在每一商品上的最后一单位货币对总效用的贡献相等。然而在这一点上，门格尔并没有阐释得很清楚。

【50】

在门格尔的思想中，我们还发现了其他一些要素，这些要素直到很久之后才引起各种经济思潮的重视。他强调信息在经济中的作用，并分析了生产的时间结构——对于奥地利学派资本理论的发展十分重要（本章稍后讨论）。门格尔认为，经济生活特别是市场过程中的均衡在现实中并非普遍存在。在他的描述中，价格形成是一个艰难的过程，在这个过程中通常不会达成一个唯一的市场（出清）价格。

此外，门格尔还论述了方法论问题，并成为著名的"方法论之争"（*Methodenstreit*）——19 世纪 80 年代在德语区的有关经济学研究方法的争论——的主要参与者之一。他认为，研究应当着力于通过从有关人类行为和预先确定数据的假设中推导出"确切的经济规律"来构建纯粹的经济学。他的这种演绎法与当时占据主导地位的历史学派的归纳法形成了鲜明的对比，后者认为历史数据应当构成寻找反复出现的规律的基础。我们将在第四章回到"方法论之争"。

里昂·瓦尔拉斯

法国人里昂·瓦尔拉斯（Léon Walras）从未在他的祖国获得学术职位。年轻的时候，他在申请入职享有赞誉的巴黎理工大学时两度失败。在从事了一系列包括记者和会计师在内的工作之后，才于 1870 年获得瑞士洛桑大学的教职，并在那里一直工作到 1892 年。在洛桑大学，瓦尔拉斯备受尊重。20 世纪早期，"洛桑学派"（Lausanne school）这一术语经常被用来指代瓦尔拉斯和他的继任者维尔弗雷多·帕累托（Vilfredo Pareto，1848～1923 年），以及他们所主张的一般均衡的数理分析。

瓦尔拉斯与杰文斯、门格尔的不同之处在于，他提出了所有市场的供给和需求实现一般均衡的思想，该思想能够用一套方程组来逻辑一贯地刻画。瓦尔拉斯最重要的著作《纯粹经济学要义》于 1874 年和 1877 年分两部分出版，并在之后几度修订再版。在他的方程组中，瓦尔拉斯将价格和数量视作内生变量，即它们是由系统内部决定的。他的理论包括需求方程、令成本等于价格的方程、要素服务的供给方程以及技术系数方程。在均衡时，对于每位消费者而言，各种商品的价格与其边际效用成比例。其中一种商品被当作"计价单位"（*numéraire*）。方程的数量等于内生变量的数量，并在某些假设之下可以确定内生变量的值。按照这种方式确定的价格和数量，可以被解读为均衡值。瓦尔拉斯设想经济也许可以通过一个类似拍卖竞价的"摸索"（*tâtonnement*）过程实现均衡。

　　在瓦尔拉斯的体系中，显而易见的是，如果一个人拥有除一个市场以外所有其他市场的信息，并且它们均不存在过度需求，那么就可以得出那一个市场也不存在过度需求的结论。这被称为"瓦尔拉斯定律"（Walras' law）。其背后的逻辑对于一般均衡研究至关重要。瑞典经济学家古斯塔夫·卡塞尔（Gustav Cassel）通过他的著作《社会经济理论》（1918年），成为瓦尔拉斯思想的重要传播者，但奇怪的是，他没有给予瓦尔拉斯应有的赞誉。尽管如此，卡塞尔还是启发了其他经济学家去用数学证明竞争性市场下一般均衡的存在性、唯一性和稳定性。当阿罗和德布鲁在 20 世纪 50 年代完成这一工作时，他们似乎已实现了经济学家——尤其是斯密和瓦尔拉斯——旧时的梦想，即严格证明了，在市场体系中相互竞争的自利的个体看似混乱无序的交易背后实际上隐藏着符合社会利益的秩序。

为何产生了新古典经济学的突破

关于为何会出现新古典经济学的突破，现有文献提出了以下一些原因。首先，它与古典劳动价值论的衰落有关。在19世纪下半叶，劳动价值论与工资基金学说一起被抛弃了。工资基金说这一古典学说（源自重农主义）认为，可用来支付工资的资本数量基本上是固定的，因而，当人口增长时，工资必将下降，反之则反是。这在农业经济中可能是一种合理的解释，因为秋季的粮食收成决定了下一年的粮食供应。但是，工资基金学说却与基于效用的价格和要素供给理论不相容。

其次，有猜测认为，边际效用理论是来自哲学和社会科学的时代精神（*Zeitgeist*）的产物。享乐主义——追求最大化享乐的哲学——事实上在19世纪中期的英国非常流行。显然，它影响了杰文斯，但在门格尔和瓦尔拉斯身上很难发现这种影响。

再次，有人认为原因在于，新古典经济学取得突破时在经济中所出现的那种制度性转变。与古典思想不同，边际效用理论关注的是消费者个体。而这可能与以下事实有关：与斯密和李嘉图那个时代相比，处于工业化鼎盛时期的消费者与生产的分离变得更为明显。 【52】

最后，还有观点认为，新古典经济学派产生自资产阶级对马克思主义的反击。然而，这种观点很难在年代顺序上说得通。早在1862年，杰文斯就在"英国科学促进会"（British Association for the Advancement of Science）上提出了自己理论的要义，这比马克思出版他的《资本论》（德文版，英译版直到1887年才面世）早了5年。而门格尔和瓦尔拉斯在构建他们的思想时，似乎并未注意到马克思的经济学著述。因此，边际主义几乎不可能是在反驳马克思主义的过程中产生的。当然，马克思主义可能影响了边际主义后来的传播。

第二代新古典经济学家

不少第二代新古典经济学家在该领域做出了影响深远的贡献，他们包括：英国的阿尔弗雷德·马歇尔（Alfred Marshall，1842～1924 年）、弗朗西斯·伊西德罗·埃奇沃思（Francis Ysidro Edgeworth，1845～1926 年）、菲利普·亨利·威克斯蒂德（Philip Henry Wicksteed，1844～1927 年）和阿瑟·塞西尔·庇古（Arthur Cecil Pigou，1877～1959 年），奥地利的欧根·冯·庞巴维克（Eugen von Böhm-Bawerk，1851～1914 年）和弗里德克·冯·维塞尔（Friedrich von Wieser，1851～1926 年），意大利的维尔弗雷多·帕累托（Vilfredo Pareto，1848～1923 年），美国的约翰·贝茨·克拉克（John Bates Clark，1847～1938 年）和欧文·费雪（Irving Fisher，1867～1947 年），以及瑞典的克努特·维克塞尔（Knut Wicksell，1851～1926 年）和古斯塔夫·卡塞尔（Gustav Cassel，1866～1945 年）。这些经济学家深化和拓展了原有的分析，引入并推广了许多当今学子耳熟能详的概念，例如，"无差异曲线"和"契约曲线"（埃奇沃思），"购买力平价"（卡塞尔），"供给表"（supply schedule）和"需求表"（demand schedule）、"消费者剩余"和"生产者剩余"（均为马歇尔提出），"维克塞尔效应"，"庇古税"，以及"帕累托效率"。

尽管我们可以从早期新古典经济学家的著述中找到一些拓展边际分析解释生产的例子，但只有到第二代新古典经济学家那里，才像分析消费或需求端那样透彻地分析生产或供给端。他们将收入形成理论与生产理论更紧密地联系在一起。一些第二代新古典经济学家假定，不同生产要素的投入与产出之间的关系，可以用一个一次齐次的生产函数来表示。再假设每个生产要素都是按照其边际产品价值来支付报酬，我们就可以得出，总产品按照这一统一的原则来分配，正好把全部产品分尽。早期的这种分析可以在以下三位新古典经济学家的著作中找到：威克斯蒂德的《论分配法则的协调》（1894 年）、克拉克的《财富的分配》（1899 年）和维克塞尔的《国民经济学讲义》（1901 年）。

阿尔弗雷德·马歇尔和阿瑟·塞西尔·庇古 【53】

阿尔弗雷德·马歇尔（Alfred Marshall）通常被认为是最重要的第二代新古典经济学家。1842 年，他出生于伦敦一个英格兰银行底层职员家庭。在中学以及剑桥大学读书时，他就表现出数学方面的天赋，以至于在 19 世纪 60 年代还教过数学。在 60 年代中期，他的兴趣转向了哲学、心理学和政治经济学。1868 年，他被聘任为道德科学讲师，但 9 年后由于当时学校的独身规定，他在和他以前的学生玛丽·佩利（Mary Paley）结婚后不得不离开剑桥大学。1879 年，马歇尔和佩利合著出版了《产业经济学》。在布里斯托尔大学和牛津大学短暂任职之后，马歇尔于 1885 年回到了剑桥大学接任政治经济学教授，直到 1908 年退休。1890 年，他出版了他的代表作《经济学原理》，并在他生前多次修订出版了 8 个版本。马歇尔原本计划出版该书有关应用经济学的第二卷，却未能完成，而是出版了几本姊妹篇著作，如《工业与贸易》（1919 年）、《货币、信用与商业》（1923 年）。

马歇尔的主要贡献在微观经济理论领域。与杰文斯一样，但与瓦尔拉斯不同，他特别提倡局部均衡分析方法，即分析单个市场的均衡，而不是市场体系中的一般均衡。与强调需求端的杰文斯和门格尔不同，马歇尔对需求端和供给端给予同等重视。我们可以引用《经济学原理》里的两段话作为这种分析的一个例子。

　　因此，如产量（在一个单位时间内）是使需求价格大于供给价格的产量，则卖主的所获不仅足以使他们认为值得把这样一个数量的货物运往市场去卖，而且会多拿出一些，这时就有一种倾向于增加出售数量的积极力量在起作用。反之，如产量是使需求价格小于供给价格的产量，则卖主的所获就不足以使得他们认为值得把这样一个数量的货物运往市场；因此，那些处在怀疑的边际，正在犹豫是否应当继续生产的人，就会决定停止生产，从而就有一种倾向于减少出售数量的积极力量在起作用。当需求价格等于供给价格时，产量没有增加或减少的趋势，它处于均衡状态之中。

【54】　　当供求均衡时，一个单位时间内所生产的商品量被称作均衡产量，它的售价被称作均衡价格。

（p. 345）①

马歇尔通过图 3 - 2 这张如今非常常见的市场供求图来说明他的推理。该图横轴表示商品的数量，纵轴表示商品的

---

① 有关马歇尔的引文翻译参考了 1964 年商务印书馆出版的《经济学原理》上卷，以及 1965 年出版的《经济学原理》下卷，译者为陈良璧。——译者注

价格，向下倾斜的曲线是需求曲线，向上倾斜的曲线是供给曲线，二者的交点决定了均衡价格和均衡数量。其中供给曲线基于"生产成本"得出，需求曲线基于"效用"得出。马歇尔（p. 348）将这两条曲线比作剪刀上下两块刀片："我们讨论价值是由效用所决定还是由生产成本所决定，和讨论一块纸是由剪刀的上边裁还是由剪刀的下边裁是同样合理的。"图 3 – 2 展示了现今常用的市场供求图，通常被称为"马歇尔剪刀"（Marshall's scissors）或"马歇尔交叉"（Marshallian cross），尽管这个概念可以追溯到古诺（Cournot，1838）和劳尔（Rau，1841）（见上文所述）。

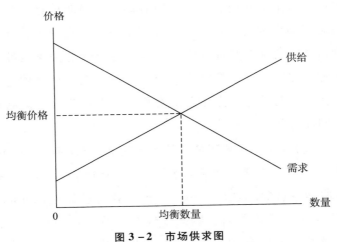

图 3 – 2　市场供求图　【55】

　　马歇尔开展经济分析和撰写经济著述的方式，遵循着一种可以说是深受物理学——19 世纪末一门非常显要的科学——影响的传统，杰文斯和瓦尔拉斯也是这个传统的代表。但对马歇尔而言，这种研究进路似乎是一种牺牲，是为了让经济学家同行更容易理解和接受。马歇尔曾在多处暗示，生物学才是经济学应仿效的理想的模式。在第 8 版《经济学原理》

（1920 年）的序言中，马歇尔解释道：

> 经济学家的麦加圣地在于经济生物学，而不是经济
> 力学。但是，生物学概念比力学概念更复杂。因此，有
> 关研究基础的书相对来说必须更重视力学的类比性，并频
> 繁使用"均衡"一词（此词表明某种静态类比的意思）。
>
> （p. xiv）

马歇尔的《经济学原理》，是那几十年里在英语世界传播经济学最重要的著作。它的一些概念自然而然也就成为公共财产，以至于它们现在被使用时都不必说明出处。其中之一便是"需求弹性"（elasticity of demand）。马歇尔先后从个人和市场的角度对其进行定义。这种需求弹性是指某种商品需求量变化的百分比除以价格变化的百分比。马歇尔通过生动的例子说明了需求弹性因价格水平、人口阶层和商品种类的不同而有所不同。

马歇尔的另一个遗产是"消费者剩余"（consumer surplus）概念［他称作"消费者的剩余"（consumer's surplus），或在第 1 版《经济学原理》中称为"消费者的租金"（consumer's rent）］。对于个人而言，购买一件商品所获得的消费者剩余用"他愿意支付而非空手离去的价格与他实际支付的价格之间的差额"（p. 124）来衡量。它同样可以从市场的角度进行定义。马歇尔指出，在一个包含有需求曲线的图中，消费者剩余等于需求曲线、价格纵轴和从实际价格到需求曲线的水平线三者之间围成的面积。

通过类比，马歇尔将"生产者剩余"定义为由供给曲线、价格纵轴和从实际价格到供给曲线的水平线三者围成的

面积。这一概念难以理解，因为供给曲线的决定更为复杂，且取决于时间范围。在一个简化版本中，马歇尔的这两种剩余概念可以用图 3 - 3 来展示说明。

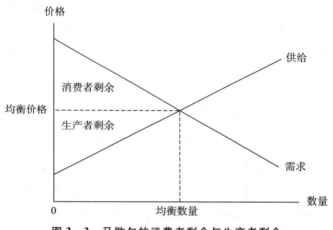

图 3 - 3　马歇尔的消费者剩余与生产者剩余　【56】

马歇尔还提出了现在必不可少的"代表性企业"（representative firm）的概念，将其设想为"某种意义上的普通企业"（p. 318）。他对供给端的关注体现在他对均衡的讨论中，其中时间期限至关重要。他考虑了三种主要情况，但指出它们"以难以察觉的程度彼此相交融合"（p. 330）。第一种是非常短的时期——一天内，此时"供给仅限于现有的存货"（p. 330）。第二种情况是短时期，这时有些生产成本可以发生变化并导致供给的变化。第三种情况是非常长的时期，这时甚至"生产商品所需的劳动和物质的成本"都可以改变，即在较短时期内固定的成本变成了可变的。

1908 年，马歇尔退休，其在剑桥大学的教授职位由阿瑟·塞西尔·庇古（Arthur Cecil Pigou）接任。这不仅仅只是一次形式上的接任，庇古还通过他的课程和讲座传播了马歇尔的经济学，并且他自己的许多著作都沿袭了马歇尔的传统。其中的一部是《财富与福利》（1912 年），曾以不同的书名出版了多个版本。庇古区分了私人与社会边际成本和收益，并提出了"外部效应"（external effects）概念。为了使私人与社会边际成本和收益相一致以提升整体效率，庇古建议政府采取税收和补贴等举措。"庇古税"（Pigovian tax）现在已经成为一个广为人知的概念。

维尔弗雷多·帕累托

如上所述，维尔弗雷多·帕累托（Vilfredo Pareto）接替瓦尔拉斯成为洛桑大学教授。帕累托于 1848 年法国二月革命那一年出生于巴黎，他的父亲是位意大利侯爵，母亲是位普通的法国女子。1852 年，帕累托一家搬到了意大利，此后他就在那里长大。他学习的是古典文学和工程学，并精通数学。工程学的学习使他熟识了力学中的均衡概念，而这显然对他后来的经济分析产生了影响。

【57】　　在 19 世纪 70~80 年代，帕累托在工商界从事了不同的工作。与此同时，他参加了公众辩论，并撰写了许多带有自由主义精神的文章。1890 年，他遇到了意大利经济学家马费奥·潘塔莱奥尼（Maffeo Pantaleoni，1857~1924 年），后者说服他去研究瓦尔拉斯。因此，帕累托 40 岁出头时才开始认真学习经济学。他进步很快，当瓦尔拉斯在洛桑大学退休时，潘塔莱奥尼便推荐帕累托作为继任者。1893 年，他成为洛桑大学副教授，并在 1894 年成为教授。在世纪之交，他脱离了自由主义。他后期的大部分著述属于社会学而非经济学，他的一些社会学思想吸引了意大利法西斯主义者的注意。

帕累托的教科书《政治经济学讲义》在 1896～1897 年分三卷出版。这本书的内容基于他的课堂笔记，体现了他将自然科学的思想应用于经济学的努力。但他最著名的经济学著作是《政治经济学手册》，该书是福利经济学和一般均衡理论史上的奠基之作。帕累托批评早期经济学家在使用"效用"这一概念时缺乏严谨性。并且，他指出，与日常用语相比，"效用"在政治经济学中的含义是不同的。以吗啡为例，他说，"从普通意义上来说，它是没有用的，因为它对吗啡成瘾者有害；但从另一方面来看，它对他们而言是有用的，因为尽管它有害健康，却满足了他们的需要"（Pareto，1971，p. 111）。有鉴于此，帕累托使用"满足感"（ophelimity）一词来取代"效用"——吗啡会给成瘾者带来满足感。

帕累托的名字之所以为人们所熟知，最主要的原因可能是"帕累托最优"（Pareto optimality）或如今常说的"帕累托效率"（Pareto efficiency）概念。它是评判经济最优状态的一个标准，这一标准实际上早在几年前就已经由埃奇沃思以类似的方式提出过。帕累托自己将这种最优状态称为"最大满足感"（maximum ophelimity），他是这样定义的：

> 当一个集体的成员处于这样一种状态，以至于不可能找到一种方式稍加改变这种状态而使该集体每个成员的满足感都上升或下降时，我们就会说，这些成员享有了最大满足感。

（p. 261）

这与现代教科书的定义略有不同。帕累托将"最大满足感"视为均衡的一个属性。这后来被称为"福利经济学第一定理"：竞争性均衡是帕累托最优的。

【58】　新古典资本理论的基础

19 世纪末 20 世纪初这段时期，经济思想的一个特别之处在于对资本的看法。这种看法主要在奥地利经济学家庞巴维克的《资本实证论》（1889 年）中得到了阐释，后来又在一系列经济学著作中得到了发展完善，包括瑞典经济学家维克塞尔的《价值、资本和租金》（1893 年）和《国民经济学讲义》（1901 年），美国经济学家费雪的《资本和收入的性质》（1906 年）、《利息率》（1907 年）和《利息理论》（1930 年），以及其他人的研究。尽管在庞巴维克之前，美国的克拉克便出版了《资本及其收益》（1888 年），但费雪更多地受到庞巴维克和生于苏格兰的约翰·雷（John Rae，1796～1872 年）的影响。新古典资本理论的核心在于利率这一古老的问题（参见第一章），尽管现在争论的重点在于利息的起源、经济解释及其与资本积累之间的系统关系，而不再是它的道德方面。资本理论据说直到 20 世纪 70 年代才成为一个界定相当明确的经济理论领域。然而，在今天的新古典经济学界，它已不再是一个可产生自身特有文献的独立领域。有人会说，它已经被经济增长理论和一般的微观和宏观经济学所吸收。另一些人则会认为，它已经陷入死胡同，没有前途。

欧根·冯·庞巴维克（Eugen von Böhm-Bawerk）于 1851 年生于布尔诺，是一位受人尊敬的公务员的幼子。1880～1889 年，他在因斯布鲁克大学任经济学教授，1889～1904 年在奥地利财政部任职，曾三次担任财政部部长。1905～1914 年任维也纳大学教授。克努特·维克塞尔（Knut Wicksell）与庞巴维克同年出生于斯德哥尔摩。然而，与庞巴维克在奥地利的上流社会享有很高的名望不同，维克塞尔在瑞典被称为"怪杰"。他是一位激进的反传统主义者（虽然不是马克思主义者），藐视教会、军队和所有观点与之相左的人。但在私下交往中，他给人的印象却是一个和蔼可亲、谦逊有礼的人。在乌普萨拉大学求学期间，维克塞尔因在一次公开演讲中主张控制生育而闹得满城风雨。而到 57 岁时，他作为当时已被尊为伟大经济学家的著名教授，又因"辱骂和嘲讽上帝的圣言以至于引发众怒"而被判渎神罪监禁两个月。在对多门学科进行了长时间的学习并取得数学硕士学位之后，维克塞尔直到 35 岁左右才开始学习经济学——这显然是因为乌普萨拉大学的经济学家戴维·戴维森（David Davidson）在有关人口的辩论中批评他缺乏经济学知识。经过多年与道德权威的斗争，维克塞尔终于在 1901 年成为了隆德大学的教授。不过，19 世纪 90 年代才是他最为多产的时期。在这段时期，他在资本、公共财政和货币理论方面发表了一系列重要的作品。

欧文·费雪（Irving Fisher）1867 年出生于美国纽约州 【59】
北部。他的整个职业生涯都在耶鲁大学度过——在 1898 年至 1935 年期间担任经济学教授。他至少在四个方面与维克塞尔相似。第一，他在经济学许多不同的领域，以及诸如优生学、戒烟禁酒或素食主义等经济学学科之外均著述颇丰，并且它们通常都具有启发性。第二，他认为教育公众是一项重要的责任。第三，他有着扎实的数学基础。第四，他和维克塞尔均明确指出庞巴维克的研究构成他们研究的基础，尽管两人在对庞巴维克的理论进行扬弃和发展时侧重点不同。庞巴维克和维克塞尔的方法有时被称为奥地利资本理论，时间在其中扮演着关键性角色。

庞巴维克将利息看作现在物品与未来物品交换时所产生的一种"贴水"（agio）。在同一时点进行主观估价时，现在物品一般比未来物品更有价值，而利息作为一种补偿支付，会反映这种价值差额。庞巴维克提出了利息为正的三个原因。第一，在一个不断增长的经济体中，未来商品的供应将会更多，因而它们的边际效用会变低。第二，人类具有低估未来的天性，以至于"我们仅仅因为在未来发生而对未来的快乐和悲伤的感觉不那么关心"。庞巴维克的第三个原因与生产有关："耗时的迂回的生产方式更有效率。"与直接用手抓鱼相比，先花些时间制作一个鱼竿或渔网再去捕鱼会更有效率。

维克塞尔强调生产方面。资本品是由劳动和土地（也许还有其他资本品）生产出来的，它们在资本品产出之前以或短或长的时间被投入生产过程。因此，"资本是被贮存下来的劳动和被贮存起来的土地。利息是被贮存下来的劳动和土地的边际生产力与当前劳动和土地边际生产力之间的差额"（*Lectures I*，p. 154）。我们将在本书的后面部分讨论维克塞尔对公共财政和货币理论的贡献。

在费雪的方法中，对收入在不同时期之间重新配置的意愿和可能性，为分析资本形成提供了框架。这从1930年他出版的著作全称——《由人性不耐与投资机会决定的利息理论》可以明显看出。如果用于投资的收入并不是太多，那么它就会在未来获得额外的收益。在均衡状态下，这种边际投资收入的额外收益正是投资者"人性不耐"的一种表现。我们将在第五章关于货币理论的介绍中再回到费雪。

不完全竞争、增长与资本争论

　　新古典经济学模型通常基于"完全竞争市场"和"垄断市场"这两种极端的市场形态——主要是完全竞争市场——来构建。然而，在 20 世纪 30 年代，像"垄断竞争"和"寡头垄断"这样介于上述两者之间的市场形态获得了大量关注。对这方面的研究做出关键性贡献的，是两本同时出版却彼此独立的著作：哈佛大学爱德华·哈斯丁·张伯伦（Edward H. Chamberlin，1899～1967 年）的《垄断竞争理论》（1933 年）和剑桥大学琼·罗宾逊（Joan Robinson，1903～1983 年）的《不完全竞争经济学》（1933 年）。不过，关于这两位经济学家是否应该被贴上"新古典经济学家"的标签，则是存有疑义的。无论如何，罗宾逊在其生涯后期曾对新古典经济思想的核心部分给予过严厉批评。但我们还是在此提及这两部著作，因为诸如"边际收益"和"边际成本"这样的边际概念在其中尤其是在罗宾逊的著作中发挥了重要作用。

　　这些 20 世纪 30 年代的成果在很长一段时间里都被忽视了，直到 20 世纪 70 年代末，人们对不完全竞争的兴趣才被普林斯顿大学的阿维纳什·迪克西特（Avinash Dixit，生于 1944 年）和约瑟夫·斯蒂格利茨（Joseph Stiglitz，生于 1943 年）以及麻省理工学院的保罗·克鲁格曼（Paul Krugman，生于 1953 年）重新唤起。例如，如果引入不完全竞争假设，那么显然关于福利和贸易政策的重要结论必须予以修正。支持自由放任的理由就变得没有那么显而易见了。分析垄断竞争的迪克西特 - 斯蒂格里茨模型（Dixit & Stiglitz，1977）已经成为产业经济学、国际贸易理论、地理经济学、宏观经济学以及其他诸多领域研究的主力模型。尽管该模型存在各种严格的限制，但它所具有的诸多特征——如企业定价和正利润，或者消费者对多样性的喜爱——为分析现实世界提供了比完全竞争模型更广阔的视野。

在 20 世纪 50 年代，新古典增长模型开始流行。这缘起于 1956 年麻省理工学院罗伯特·索洛（Robert Solow，生于 1924 年）发表的一篇文章。索洛的模型建立在总生产函数的基础之上，并基于以下一些假设：一定比例的收入被储蓄起来，劳动力的增长独立于其他因素，技术进步是外生的，即独立于资本积累和劳动力供给变化。索洛模型的关键特征在于，它表明经济增长过程是稳定的。资本积累收敛于一种长期稳态均衡，该均衡是由人口和生产率增长率外生决定的，因而暗含着它是由新古典经济学的底层数据即消费者偏好和技术状况决定的。这意味着，储蓄和资本积累对于长期经济增长并不重要；人均收入在稳态时将会保持不变，只有出现外生技术进步时它才会增长。

【61】　　索洛的增长模型在 20 世纪 50～60 年代很受欢迎。当时，许多原先的英国和法国殖民地获得了独立，将经济增长作为它们的头等要务。索洛模型的魅力在于它对相对贫穷国家经济发展的两大乐观预测。第一，由于它们的资本存量相对较少，它们具备追赶上更为富裕国家的潜力：当沿着性状良好的新古典生产函数（凹函数）爬升时，资本存量最少的时候，会有最高的增长率。第二，相对贫穷的国家可以从较为富裕的国家的技术转让中受益而无须太多额外投资。然而，这种高度加总的模型在应用于发展中国家的经济增长问题时，可能会导致对资本和技术转让关注过多，而对制度因素和短期干扰关注过少。在 20 世纪 70 年代和 80 年代初，人们对这种模型的兴趣减退，增长理论也失去了光环。但到 20

世纪 80 年代末 90 年代初，随着内生增长模型的产生，人们对增长理论的兴趣再度升温。在该模型中，技术进步（以及由此引发的生产率和产出增长）成为内生变量，产生自模型内部。这方面文献的主要贡献者是芝加哥大学的罗伯特·卢卡斯（Robert Lucas，生于 1937 年）、保罗·罗默（Paul Romer，生于 1955 年），以及麻省理工学院和牛津大学的菲利普·阿吉翁（Philippe Aghion，生于 1956 年）及其合著者，西安大略大学的彼得·霍伊特（Peter Howitt，生于 1946 年）。

然而，宏观经济生产函数的关键假设——尤其是明确定义的"总资本存量价值"这一概念，在 20 世纪 50 年代至 70 年代流行的所谓"剑桥资本争论"（Cambridge controversies）中受到了挑战。之所以被称作"剑桥资本争论"，是因为新古典资本理论的一些批评者——最主要的是琼·罗宾逊、皮埃罗·斯拉法和卢伊季·帕西内蒂（Luigi Pasinetti，生于 1930 年）——都属于英国的剑桥大学，而新古典阵营——以保罗·萨缪尔森和罗伯特·索洛为主要代表——则来自坐落在美国马萨诸塞州剑桥市的麻省理工学院。该争论围绕新古典资本和利息理论中的一个循环问题展开，而这一问题事实上自维克塞尔那个时代便为人所知：在一个存在异质性商品的世界中（在宏观经济模型中不应该忽视这种可能性），投入生产的总资本数量必须根据其价值，即价格总和来确定，而这一价格总和的确定需要给定各种具体的价格；但是，在新古典经济学的逻辑中，利率作为资本服务的价格的一部分，是由总资本的边际生产力和相对稀缺程度决定的。因而，为了确定利率，我们必须知道总资本价值，而总资本价值如果不知道利率又无法确定。

"剑桥资本争论"表明，当资本价值被作为生产函数的

【62】　一个参数时，很容易出现理论方面的问题。它还表明，难以断定一种生产方法确切无疑要比另一种资本密集性更高。这反过来意味着，传统的新古典经济学结论，例如，较高的利率使得采用资本密集性较低的生产方法有利可图这一论断便存在问题。面对新古典资本（或增长）理论遭到的批评，新古典经济学的代表们并没有否认其逻辑，而是不以为然，轻蔑地将其简化为这样一个问题：为了使问题便于处理，哪种近似是可以被普遍接受的。

关于资本理论的剑桥争论并非新古典经济学遭受的唯一批评，我们之前已经提到门格尔与德国历史学派主要代表之间的"方法论之争"，并将在下一章详细介绍这场争论。凯恩斯主义和其他货币宏观经济学的发展（我们将在第五章讨论）是对新古典经济学的另一巨大挑战。最后，应当指出的是，现在要对新古典经济学下一个清晰且能被普遍接受的定义变得相当困难，尽管——抑或可能是因为——它仍然是经济学中占主导的思维模式。新古典经济学的分析要素现在不仅几乎被应用于所有的经济学研究领域，而且被应用于社会学、政治学和心理学研究——更不用说生物学了，它正是早期新古典经济学家试图仿效的学科之一。但是，新古典经济学的核心原则也在各种新的研究进路中得到了批判性检视和修正，甚至在异端理论中遭到了彻底的否定。我们将在第六章讨论其中的一些发展。

参考文献

[1] Arrow, Kenneth and Debreu, Gerard (1954) Existence of an Equilibrium of a Competitive Economy, *Econometrica* 22：265 – 90.

［2］ Blaug, Mark, （1985） *Economic Theory in Retrospect*. Cambridge： Cambridge University Press.

［3］ Busino, Giovanni （1987） Pareto, Vilfredo. *The New Palgrave*： *A Dictionary of Economics*. London： Macmillan.

［4］ Cohen, Avi and Harcourt, Geoffrey （2003） Whatever Happened to the Cambridge Capital Controversies?, *Journal of Economic Perspectives* 17： 199 – 214.

［5］ Cournot, Augustin （1963） ［1838］ *Researches into the Mathematical Principles of the Theory of Wealth*, translation of French edition. Homewood, IL： Richard D. Irwin, Inc.

［6］ Dixit, Avinash and Stiglitz, Joseph E. （1977） Monopolistic Competition and Optimum Product Diversity, *American Economic Review* 67： 297 – 308.

［7］ Groenewegen, Peter （1995） *A Soaring Eagle*： *Alfred Marshall* 1842 – 1924. Hants and Brookfield： Edward Elgar.

［8］ Hennings, Klaus and Samuels, Warren （eds） （1990） *Neoclassical Economic Theory*, *1870 to 1930*. Boston, Dordrecht, London： Kluwer Academic Publishers.

［9］ Humphrey, Thomas M. （1992） Marshallian Cross Diagrams and Their Uses Before Alfred Marshall： The Origins of Supply and Demand Geometry, *Federal Reserve Bank of Richmond Economic Review* 78： 3 – 23.

［10］ Jevons, W. Stanley （1970） ［1871, 1879］ *The Theory of Political Economy*. Harmondsworth： Penguin Books.

［11］ Marshall, Alfred （1961） ［1890］ *Principles of Economics* （9th variorum edition）. London： Macmillan.

［12］ Pareto, Vilfredo （1971） ［1906］ *Manual of Political Economy*, translation of French edition by Ann S. Schwier. London： Macmillan.

［13］ Roll, Eric （1973） *A History of Economic Thought* （4th ed.）. London： Faber and Faber.

［14］ Sandelin, Bo （1989） Wicksell's Wicksell Effect, the Price Wicksell Effect, and the Real Wicksell Effect. In Barber, William J. （ed.） *Per-*

spectives on the History of Economic Thought, vol. VI. Aldershot: Edward Elgar.

[15] Spiegel, Henry William (1971) *The Growth of Economic Thought*. Durham, NC: Duke University Press.

[16] Stigler, George J. (1941) *Production and Distribution Theories: The Formative Period*. New York: Macmillan.

[17] Thünen, Johann Heinrich von (1966) [1826, 1850] *Isolated State: An English Edition of Der isolierte Staat*, translation by Carla Wartenberg. Oxford: Pergamon Press.

[18] Tobin, James (1987) Fisher, Irving. *The New Palgrave: A Dictionary of Economics*. London: Macmillan.

[19] Veblen, Thorstein (1900) The Preconceptions of Economic Science, part III, *Quarterly Journal of Economics* 14: 240 – 69.

[20] Whitaker, John K. (1987) Marshall, Alfred. *The New Palgrave: A Dictionary of Economics*. London: Macmillan.

第四章

历史学派与制度主义

经济学"相对论"

当前经济学中许多重要的制度——学校以及研究机构、学会和期刊——是由历史学派和制度学派的成员建立的。尽管如此，现在的经济学家还是常常认为这些学派是过时的和非理论的（如果他们知道这些学派的话）。然而，历史主义和制度主义为经济思想的进一步发展提供了各种动力，其中一部分是批判，但也有一部分是对新古典经济学的拓展。

古典与新古典经济思想的特点之一在于追求经济行为的 **【64】** 普遍规律和原理。另一个特点在于使用演绎方法，即通过忽略制度和历史细节的模型进行推理，以便将复杂的现实还原为其被认识到的经济本质。第三个特点是遵循原子论的进路，按照这种进路，总产出被解释为由完全自利的个体之间看似无组织的交易所带来的有益结果。

自 19 世纪初以来，上述三个特点受到了来自不同背景的经济学家的批评，他们认为（新）古典学说中的经济规律和原理最多只适用于特定的历史情境。这些批评者指出，（新）古典学说预设了某种制度框架，这些框架可能与部分国家的特定发展阶段相一致，但不符合其他国家的情况。这种"相对主义"（relativist）推理在 19 世纪的德国历史学派和 20 世纪初的美国制度主义中得到了最明显的发展。两个学派的成员都成立了重要的学会，创办了有影响力的期刊，并且参与了关于方法和规范的激烈争论。不过，正如我们即将看到的那样，历史学派和制度主义思想并不局限于德国和美国。此外，相对主义方法与（新）古典学说之间的关系并不完全是截然对立的，两种经济学之间也存在着交叉融合（见图 4－1）。

先驱

起初，"历史学派"（historical school）指的是 19 世纪初德国法研究中的一场运动。这场运动的成员反对自然法的概念，强调国家的法律遗产是一种"民众精神"（*Volksgeist*）的表达。这种向浪漫主义国家观的转变很快也在经济思想中得到了相应的体现。

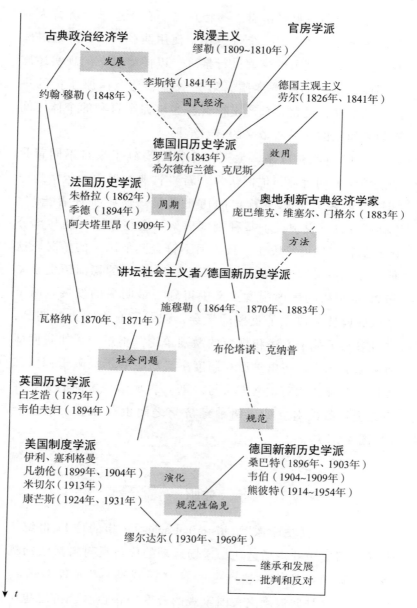

图 4-1 历史学派与制度主义谱系

官房学派、主观主义者和浪漫主义者　　　　　　　　【66】

18 世纪的德国重商主义者也被称为官房学派（cameralist）（见第一章），他们强调国家是主要的经济主体，从而为历史学派铺平了道路。官房学派的作品中有许多核心问题——如公共财政与管理，以及人口增长——后来在 19 世纪末也成为历史学派研究的焦点。

历史学派的另一个先驱是德国主观主义者（German subjectivist），特别是海德堡大学的教授劳尔（Karl Heinrich Rau）（见第三章）。许多德国历史学派的成员，尤其是克尼斯（Karl Knies）和瓦格纳（Adolph Wagner），都以劳尔的《国民经济学原理》（第 4 版，1841 年及以后）为基础进行写作。这部著作的标题被门格尔的杰作《国民经济学原理》所效仿，而劳尔关于效用、需求和供给的概念也通过旧历史学派的教导，影响了后来的奥地利新古典经济学家（见下文）。同时，劳尔也强调了历史研究对于理解当前经济的重要性。

浪漫主义经济学家（romantic economist）则是一群反对古典政治经济学中"庸俗唯物主义"和理性主义的作者，他们尤其反对其中用体力劳动量化价值的做法。相反，他们主张价值应该用公民对"国家有机体"（国家的政治实体）所做出的"道德贡献"来定义。这群经济学家是一场更大的浪漫主义运动的一部分，这场运动在 19 世纪初席卷了德国的文学、艺术与哲学界，并且传播到了其他国家。例如，在英国，托马斯·卡莱尔（Thomas Carlyle，1795～1881 年）和约翰·罗斯金（John Ruskin，1819～1900 年）是其杰出代表。这场浪漫主义运动可以被理解为对以下一系列情况的反应，包括法国的启蒙运动和拿破仑军队、英国的工业主义及其在贸易上的主导地位，以及德国在政治上的四分五裂（德国在当时被分裂为许多小邦国）。

奥地利外交家亚当·缪勒（Adam Müller，1779～1829年）是浪漫主义传统中最杰出的作者之一。他批评了重农主义和古典思想中冰冷的抽象法，并且谴责了重商主义竞争和工业主义的毁灭性力量。他主张一种社会整体观，并力主恢复曾存在于中世纪的那种社团主义的、专制的国家秩序。在今天，缪勒的主张可能看起来很古怪，但在19世纪和20世纪，许多经济民族主义和反工业主义运动均受到了其思想的影响。

弗里德里希·李斯特

李斯特（Friedrich List，1789～1846年）很难被归为任何一种思想模式。最初，他在德国南部的一个小邦符腾堡的政府担任办公室职员，并且被任命为蒂宾根大学的公共管理学教授。后来，他因反对官僚主义及德国国内的贸易壁垒而被解雇。在与政府发生进一步冲突后，他甚至被判处了监禁，并且被迫移民美国。在美国，李斯特成为一名企业主，从事采矿业和铁路业——几年后，他却作为美国领事返回了德国。为保护德国的新兴工业，李斯特倡议在国内实行自由贸易、建立铁路网络，同时对外征收培育性关税。在财务危机和政治失败中，李斯特悲惨地结束了自己的一生，但他后来被追奉为德国统一之父和发展经济学的开创者。

【67】

1841年，李斯特出版了其主要著作《政治经济学的国民体系》。在这部著作和前面提到的劳尔的《国民经济学原理》的共同影响下，这门学科被重新命名为"国民经济学"

（national economy）——现在许多语言中均使用这一术语表示经济学。李斯特批评了古典经济学特别是斯密的学说中天真的"世界主义"观点，在这种观点中，国家仅仅是个人的联合体，而所有人都能从和平的劳动分工和自由贸易中受益。事实上，国家是需要研究的重要主体，因为国家层面的产业联合协同所能带来的生产力至少与劳动分工的效果一样强劲。然而，国家工业只有在处于特定的经济发展阶段时才能从自由贸易中受益。在处于其他阶段时，国家要想取得进步，只有通过战争，或者利用关税或其他限制保护其新兴产业。

经济发展的阶段理论并非新事物，实际上，斯密也持有一种粗糙的阶段理论。但正是李斯特推广了阶段理论，使其成为发展政策的基础。李斯特认为，每个具有适当的资源潜力的国家往往都会经历五个阶段，即原始未开化时期、畜牧时期、农业时期、农工业时期和农工商业时期。他将发展定义为"对生产力运用能力的进步"。李斯特批评了古典经济学将生产力简化为劳动、土地和资本的做法，认为社会秩序、科学和艺术，以及各国的自由程度都是生产力的组成部分。

在发展的最高阶段，所有国家都能从自由贸易中受益。然而，各国的发展并不是同步的。国家中存在领先者与追随者，而李斯特著作的第一部分就是关于领先国家的历史演替的——从中世纪意大利的城市共和国，到潜在的未来的领导者美国。李斯特将英国描述为他那个时代的领先国家，它使世界其他地方充斥着它的工业制成品，却维持着自己的进口保护政策（直至 1841 年，英国仍在实施《谷物法》及其他贸易壁垒）。德国的小邦国在彼此之间的贸易中征收关税，

【68】　却不对英国征收关税，因为它们希望从英国购买先进的产品。在李斯特看来，这阻碍了德国生产力的释放。如果德国各邦能够组成关税同盟（*Zollverein*），废除国内关税，并建立一个共同的对外关税体系，那么各邦刚刚起步的工业就可以利用国内贸易的成本优势。这样，各邦最终将达到最高发展阶段，到那时，它们就可以与英国的制造商竞争，从而德国也能享受到自由贸易的好处。

李斯特对古典主义、重商主义和浪漫主义的概念兼而用之，但同时拒绝接受所有这些学派的核心思想，因此，李斯特无法被归为任何一种模式。他以一种堪称典范的方式将他的著作分成了四个部分——历史、理论（李斯特自己的理论）、学派（批判视角下的思想史）和政策（不同国家的贸易战略）——但他在所有这四部分中都夹杂着这些角度。他的长篇大论的核心内容，是自由贸易的原则只有在经济发展的原始阶段和所有国家都达到最高阶段时才适用。在达到这种理想的最终状态前，采取保护主义是在未来实行自由贸易的必经之路，这也是"后发国家的自然权利"。如前所述，李斯特的思想对发展政策理论后来的发展产生了巨大影响。

历史学派

在经济思想中，至少有过五个历史学派，它们分别是英国历史学派、法国历史学派，以及德国的旧历史学派、新历史学派和新新历史学派。除了德国新历史学派以外，其他四个都不是真正意义上的学派，因为它们并未形成统一的学说，也没有公认的成员，但它们都有一些共同的思想。这些思想在德国历史学派的作品中得到了最清晰的表达，而我们的介绍也将从这个学派开始。

德国旧历史学派

历史主义在经济学学术界的兴起与三位经济学家有关，他们是布鲁诺·希尔德布兰德（Bruno Hildebrand，1812～1878年）、威廉·罗雪尔（Wilhelm Roscher，1817～1894年）和卡尔·克尼斯（Karl Knies，1821～1898年）——这三位德国大学教授通常被认为是（旧）历史学派的奠基人。罗雪尔为在哥廷根大学开设的经济学讲座所撰写的《历史方法的国民经济学讲义大纲》（1843年），标志着历史学派的开端。

在《历史方法的国民经济学讲义大纲》的序言中，罗雪尔阐述了历史方法的四个原则（他的目标是在他的讲座和未来的研究中运用这些原则）。第一，他认为，经济学的真正目的不是最大化"国民财富"，而是理解不同国家的经济发展；为此，经济学有必要与其他学科相结合，如法学、政治学和人文学科。第二，一个国家不仅是由其"现在生活的个体"组成的，也是由其过去的历史组成的，而后者必须从该国的不同文化阶段进行考察。第三，为了从大量的现象中发现本质上的规律——即所谓的"相似性"（parallelism）——需要采用一种比较经验方法（comparative empirical method）。第四，历史方法决不轻易颂扬或否定观察到的制度，而是会通过描述这种制度从一开始出现到随后被淘汰的情境，来加深对其运作方式及最终过时的理解。罗雪尔明确地将自己的方法与李嘉图的方法做了区分，尽管他并不认为自己的方法"与后者对立，因为这种方法怀着感激的心情使用了（李嘉图政治经济学的）结论"。

罗雪尔先后在哥廷根大学和莱比锡大学担任教授，过着

【69】

相对平静的生活，而希尔德布兰德和克尼斯的生活则更为动荡。1848 年民主革命前后，他们都在政治上十分活跃，二人也都曾在瑞士流亡了一段时间，直至他们被允许回到德国学术界。希尔德布兰德和克尼斯二人参与政治的经历，或许可以解释他们为何甚至比罗雪尔更重视政治和经验方面的经济推理。在其著作《现在和将来的国民经济学》（1848 年）中，希尔德布兰德讲授了一种有别于以往版本的经济发展阶段论。在他看来，历史应该被理解为一种从原始交换经济向货币经济转变，最终再向信用经济转变的过程，后者的特点包括高生产力、互相信任以及针对劳动者福利的社会政策。克尼斯撰写了三大卷关于货币与信用的著作［即《论货币》（1873 年）、《论信用（第一卷）》（1876 年）和《论信用（第二卷）》（1879 年）］，但他不相信信用经济能在不具备黄金或其他金属储备作为基础时顺利运行。在他早期的宣言《历史方法的政治经济学》（1853 年）中，克尼斯甚至比罗雪尔和希尔德布兰德更热衷于历史方法，强调政治经济学必须以一种历史的视角描绘大众的经济生活，并在伦理基础上对其进行分析。希尔德布兰德和克尼斯二人都十分支持经验研究，特别是统计工作。他们将统计学称为一门独立的辅助性科学，并且协助设立了统计机构。

在旧历史学派与古典和新古典经济思想的关系上，有两点值得注意：一是罗雪尔、希尔德布兰德和克尼斯对古典政治经济学的模糊态度，二是他们对奥地利新古典经济学的重大影响。这三位历史主义者表示，他们的方法是对斯密和李嘉图等人采用的"抽象"论证及方法的批判。但是，他们同时高度赞扬了古典经济学家，而且在绝大部分作品中并未遵循自己的原则。他们采用了古典主义的论证方法和风格，而

【70】

非他们原先所设想的历史的、跨学科的方法。罗雪尔和克尼斯发展了边际效用的思想和其他主观价值理论的概念，我们可以将其称为"原始新古典主义"（proto-neoclassical）。换而言之，他们预见了"边际革命"（已在第三章中讨论）的核心元素。至少两位奥地利新古典主义的代表人物，即庞巴维克和维塞尔，实际上是克尼斯在海德堡大学的学生。就这样，旧历史学派为"奥地利经济学"的产生铺平了道路，而新历史学派则与奥地利新古典经济学家爆发了冲突，以至于后者开始意识到自身是一个独立的学派。

德国新历史学派

要确定哪些经济学家属于德国新历史学派并不容易。通常认为，这个学派的成员包括"国家货币理论"的推广者格奥尔格·弗里德里希·克纳普（Georg Friedrich Knapp，1842～1926年）、社会改革家卢约·布伦塔诺（Lujo Brentano，1844～1931年），以及社会学家维尔纳·桑巴特（Werner Sombart，1863～1941年）和马克斯·韦伯（Max Weber，1864～1920年）。然而，毫无疑问，新历史学派的领袖是古斯塔夫·冯·施穆勒（Gustav von Schmoller，1838～1917年）。他著作颇丰，担任多个期刊和百科全书的编辑，自担任柏林大学的教授以来统治了经济学界数十年。施穆勒比其他任何历史学派的代表人物都更明确地否认一般经济规律的存在，认为经济学家最多只能通过对不同时代的经济现象、公共管理和社会政策进行细致的历史考察来找到一些反复出现的模式。施穆勒不仅反对古典学说，也反对旧历史学派带有决定论色彩的阶段论和"公正的态度"。他强调，历史能为当前的经济和社会政策提供教训，但人们必须以一种整体的方法研究历史，而非仅仅将事物发展中的经济逻辑隔离出来。正如熊彼特（Schumpeter，1954，p. 812）所言："施穆勒学派的经济学家事实上乃是具有历史头脑的社会学家，当然这是就'社会学家'这个词的广义上而言。"

在施穆勒身上，德国历史学派与当时另外一场著名的运动，即所谓的"讲坛社会主义者"（*Kathedersozialisten*）产生了交集。这些人并不像一般意义上的社会主义者那样，为争取共同体对生产和收入分配的控制权而斗争；相反，讲坛社会主义者大多是保守的教授和议员，他们坚决反对马克思主义和其他社会革命思想。然而，他们也反对所谓的曼彻斯特学派（Manchester school）（该学派在英国、德国和其他地方普及了古典政治经济学的一些学说）的自由放任主义（*laissez faire-liberalism*）。讲坛社会主义者认为，当时迫切需要制定社会政策，以解决"劳工问题"，即在当时的工业化过程中出现的贫困、失业和政治动荡这些社会问题。

【71】

柏林大学的教授阿道夫·瓦格纳（Adolph Wagner，1835～1917年）是最著名的讲坛社会主义者。与主张选择性措施与实用主义的施穆勒不同，他建议将经济和社会政策广泛而系统地结合起来。瓦格纳不顾施穆勒对经济规律的普遍排斥，基于他观察到的公共支出占国内生产总值的份额的增长趋势，阐述了他著名的"公共支出增长法则"。"瓦格纳法则"与三个领域的政府干预有关：一是医疗保险、养老金计划和其他社会政策工具上支出的增加，二是货币和财政政策活动的扩张，三是公有制在所有类型的资产中的增加。

为了有效地推广他们的思想，历史学派和相关圈子的成员在1873年成立了"社会政策学会"（*Verein für Socialpolitik*）。这个学会定期举办会议（现在仍在举办），参会者包括学院经济学家、从业人员和政治家。学会还在经济学的许多子领域出版了大量的系列出版物。该学会后来成为其他国家经济学学会的典范，特别是"美国经济学会"（见下文）。

德国历史学派把他们的重点放在经济思想的方法论问题上，而社会政策学会正是两场关于方法和规范的大争论，即"方法论之争"（*Methodenstreit*）和"价值判断之争"（*Werturteilsstreit*）的论坛。如果说在 19 世纪 80 年代之前，德国历史主义者和奥地利新古典主义者都没有把自己界定为一个学派的话，那么这种划分必然开始于"方法论之争"的过程中。这场关于方法的争论始于门格尔在 1883 年出版的著作《社会科学尤其是政治经济学方法的研究》。门格尔强调，相较于历史研究，理论分析处于首要地位，而前者在他看来只能起到辅助作用。作为回应，施穆勒断言，历史学派建立在对事实的细致研究上的归纳方法明显要远优于门格尔所代表的过时传统中贫瘠的演绎主义。门格尔用一本完全论战性的小册子《德国国民经济学的历史主义的谬误》（1884 年）进行了反击。此后，争论双方偃旗息鼓了，但经济思想中的归纳主义与演绎主义之争却盛行了数十年，由众多追随者延续了下去。即便如此，论战双方的界限也并不总是泾渭分明的。例如，尽管瓦格纳在所有其他方面都属于施穆勒的阵营，但他在"方法论之争"中却站在门格尔一方。

第二轮争论，即"价值判断之争"，开始于社会政策学 【72】会 1909 年的会议。争论双方分别是施穆勒领导的新历史学派，以及桑巴特和韦伯的圈子。熊彼特（Schumpeter, 1954, pp. 815 – 820）将后者称为"新新历史学派"（熊彼特本人也可被看作该学派的成员，他 1914 年为韦伯百科全书式的《社会经济学大纲》撰写的《经济学说与方法史略》，正是其代表作《经济分析史》的前身——这部不朽的著作在熊彼特逝世后于 1954 年出版）。桑巴特和韦伯是柏林大学和海德堡大学的教授，他们反对新历史学派的作品中充斥着的对描述与价值判断的混淆。韦伯认为，从科学观察中不可能得出政治或伦理上的规范，因而这些规范应该严格地与所有科学工作区分开来。另一方面，施穆勒则认为"国民经济学"是一种"道德－政治科学"，这种科学不可避免地要以各个国家和时代的精英的规范为基础。

最后，关于方法和规范的两场论战无果而终。事后看来，许多分歧似乎属于侧重点的问题，而非实质上的分歧。然而，论战的核心问题——归纳认知和演绎认知之间的关系，以及规范的地位——在其他国家和学科（如社会学和哲学）则引发了进一步的争论。

历史学派的其他传统

在经济思想方面，德国自然拥有最深厚的历史主义传统，但历史主义并不局限于德国。文献中经常会提及一个"英国历史学派"（English historical school 或 British historical school），但这个学派包含的人物和思想似乎并没有什么内在联系，从圣公会牧师理查德·琼斯（Richard Jones，1790 ~ 1855 年）到"英国福利国家的先驱"威廉·贝弗里奇勋爵（Lord William Beveridge，1879 ~ 1963 年），都是这个学派的成员。将他们称为学派是一种追溯性的建构，即以德国历史学派作为基准，选取了同时代持有归纳主义、历史主义或改革主义立场的英国作者。在这里，我们只介绍约翰·斯图亚特·穆勒、沃尔特·白芝浩（Walter Bagehot，1826 ~ 1877 年）、比阿特丽斯·波特·韦伯（Beatrice Potter Webb，1858 ~ 1943

年）及其丈夫悉尼·韦伯（Sidney Webb，1859～1947年）。

约翰·穆勒是一位重要的古典经济思想家（见第二章）。然而，在他生命的最后阶段，他越来越支持经济研究的归纳方法。他对社会政策的看法与德国的讲坛社会主义者接近。

白芝浩是《经济学人》（*The Economist*）杂志的记者和早期的编辑，如今，这本杂志已经在世界范围内拥有重要地位。《经济学人》与曼彻斯特学派关系密切，坚定地宣传自由贸易原则和其他古典学说。然而，白芝浩发现古典学派的理论和政策处方缺乏历史和制度方面的内容。他在《伦巴第【73】街：货币市场记述》（1873年）中，讨论了英国货币体系的发展，特别是金融危机中银行失灵问题。白芝浩因敦促英格兰银行承担"最后贷款人"（lender of last resort）的政治责任而著称，如今，这已经成为中央银行的一条关键原则。

韦伯夫妇是费边社（Fabian Society）的创始人，这是一场社会主义运动，旨在将租金基于社会政策的各种目的进行重新分配，以此建立一个福利国家。韦伯夫妇的思想受到了李嘉图、马克思、马歇尔和德国历史学派的作品的共同影响。他们发表了大量研究成果，内容涵盖产业组织、贫困、工会以及英国社会劳动力市场的其他方面，其中有些研究是与贝弗里奇勋爵共同发表的。值得一提的是，韦伯夫妇还在1895年创立了"伦敦政治经济学院"（London School of Economics and Political Science，LSE），这是一家重要的经济学教育和研究机构。

相比英国，法国的历史主义者更像一个学派。皮埃尔·埃米尔·勒瓦瑟（Pierre Émile Levasseur，1828～1911年）是法国历史学派的领袖，但克莱门特·朱格拉（Clèment Juglar，1819～1905年）、查尔斯·季德（Charles Gide，1847～

1932 年）和阿尔贝·阿夫塔利昂（Albert Aftalion，1874～
1956 年）要更加有名。医生和统计学家朱格拉通过研究 19
世纪 50～60 年代的时间序列数据和其他历史材料，成为最
早发现经济周期的经验性规律的人之一。为期 7～11 年的
"中周期"正是以他的名字命名的。阿夫塔利昂追随朱格拉
的脚步，在 20 世纪初发表了经济周期的过度投资理论。他
是最早确切地阐述"加速原理"（accelerator principle）的人
之一，根据这一原理，总投资会对总消费的变化做出过度反
应。季德是一位有影响力的期刊编辑和经济思想史学家。他
具有强烈的德国历史学派倾向，但同时是少数支持瓦尔拉斯
理论研究的人之一，因为二者都对生产者和消费者的合作运
动非常感兴趣。

制度主义

美国制度学派受到了德国历史学派的深刻影响。制度学
派奠基人中的两位，理查德·伊利（Richard T. Ely，1854～
1943 年）和埃德温·塞利格曼（Edwin R. A. Seligman，1861～
1939 年），曾在海德堡师从克尼斯。即使是新古典经济学家
约翰·贝茨·克拉克（John Bates Clark）（见第三章）也曾
在那里度过了他的成长岁月，后来，他成为最杰出的制度主
义者托尔斯坦·凡勃伦（Thorstein Veblen，1857～1929 年）
的老师。以德国的"社会政策学会"为模板，伊利与其他人
在 1885 年创立了"美国经济学会"（American Economic As-
【74】 sociation，AEA）。［美国经济学会是当今世界最具影响力的
经济学家学会，该学会每年举办会议，拥有《美国经济评论》
（*American Economic Review*，*AER*）、《经济文献杂志》（*Journal*

of Economic Literature，*JEL*）、《经济展望杂志》（*Journal of Economic Perspectives*，*JEP*）和 4 本涵盖经济学特殊领域的期刊。] 美国的制度主义者也经历了几场方法上的论战。他们在 20 世纪初主导了许多美国大学的经济系，但在 30 年代和 40 年代逐渐遭到了新古典经济学家和凯恩斯主义经济学家的排挤。

美国制度学派（以及通常意义上的传统制度学派）建立在对新古典经济学的批判之上，他们反对将制度还原为由消费者偏好和技术决定的理性行为的产物。相反，制度主义者试图解释偏好、技术和经济行为是如何被制度塑造的，他们把"制度"宽泛地定义为构成"社会秩序"的一套"思维习惯"、规则和组织。因此，他们倾向于将"制度演化"解释为"对经济的社会控制体系"。

托尔斯坦·凡勃伦

凡勃伦最出名的著作是他的《有闲阶级论》（1899 年），这本书因其讽刺的写作风格，成为为数不多被推荐在闲暇时阅读的经济学经典之一。凡勃伦出生于威斯康星州，他的父母是从挪威移民而来的农民。经过在美国许多大学的长期学习和疟疾康复期间的自学，他在 1892 年成为了新成立的芝加哥大学的政治经济学教授。在那里，他还担任了 10 年《政治经济学杂志》（*Journal of Political Economy*，*JPE*）的编辑。1906 年，他因有悖传统的生活方式（据说包括"好女色"）而不得不离开芝加哥大学。凡勃伦转而前往斯坦福大学，却于 1909 年再次因婚外情而被解雇。后来，他又前往密苏里大学、华盛顿的美国食品管理局和新成立的纽约社会研究新学院，最终在 1929 年逝世于斯坦福附近的一间小屋中。

凡勃伦在他的《有闲阶级论》中，将经济生活描述为一种不断演化的过程，在《企业论》（1904年）中更是如此。他借鉴了人类学和心理学的研究，认为演化是由不同"本能"之间的冲突所驱动的，尤其是一方的技艺、亲体和随意的好奇心本能与另一方的攀比和掠夺本能之间的冲突。技艺和好奇心本能会带来技术进步，但其改善经济和社会的潜力会因"攀比、支配和信奉泛灵论这些古老的特质"而无法得【75】到充分实现。制度是技术进步与掠夺、对既得利益的维护以及身份观念［表现为"金钱攀比"（pecuniary emulation）、"炫耀性消费"（conspicuous consumption）和"炫耀性有闲"（conspicuous leisure）的"习惯"］相互作用的结果。

像马克思一样，凡勃伦认为历史是在阶级斗争中形成的，尽管这种斗争不是为了争夺生产资料，而是一种有闲阶级和工人阶级之间的永久冲突。根据凡勃伦的阶级概念，有闲阶级包括所有免于从事生产性工作的人——包括商人，因为他们"并不真正"生产商品，而仅仅是在转移商品。另一方面，工程师和（大多数）科学家被认为是工人阶级的一部分。凡勃伦的阶级概念让人想起重农学派和古典学派的作品中有关生产性劳动与非生产性劳动的区分。

凡勃伦对制度的分析绝不是辩护性的。他并没有像当前经济学中很常见的那样，赞扬现行的制度是对演化过程中出现的问题的功能性反应。相反，凡勃伦对人类的进步抱有一种相当悲观的看法：

作为一个有闲阶级，对于环境的调整，也就是所谓社会进步或社会发展，是必然要一贯地起阻碍作用的。这个阶级的特有态度可以用一句话来表明："不论什么，凡是现有的总是好的。"而以自然选择定律应用于人类制度，则会得出这样的信条："不论什么，凡是现有的总是不好的。"并不是说，今天的制度于今天的生活目的而言一无是处；而是说，出于当然的事理，这些制度总是有一定程度上的欠缺。这是由于生活方式或多或少无法适应过去发展过程中某一阶段的一般形势……这里使用所谓"好"和"不好"这些字眼，当然并没有怎样算是应当的或怎样算是不应当的任何含义。这些字眼只是从演化的观点（而不是从道德观点）的角度使用的，所要表明的是在实际演化过程中这些制度适不适合。

（Veblen，1899，pp. 206 – 207）[①]

其他制度主义者

威斯康星大学的教授约翰·康芒斯（John R. Commons，1862～1945 年）是早期的制度主义者之一，他系统地讨论了制度经济学的任务，特别是与法律制定及其解释的关系。1931 年，在《美国经济评论》发表的一篇影响力很大的文章中，他用一般性术语"集体行动"（collective action）来定义这个学科：

　　我们将制度定义为在控制、解放和扩展个体行动方面的集体行动。其形式包括无组织的习俗和有组织的持　【76】

---

① 引文翻译参考了 1964 年商务印书馆出版的《有闲阶级论》，译者为蔡受百。——译者注

119

续经营的机构。所谓的个体行动，指的是参与议价交易、有管理的交易和配给性交易，这些是经济活动的基本单位。习俗或机构的控制包括一系列工作规则，这些规则或多或少规定了个体能或不能、必须或不必须、可以或不可以做什么事情……交易决定了法律上的控制，而古典主义和享乐主义经济学关注的是实物上的控制。法律上的控制是未来的实物上的控制。

（Commons，1931，p. 648）

制度经济学是关于法律上的控制的，因此也是关于"未来的实物上的控制"的。因此，它的分析范围要比古典经济学或"享乐主义"经济学（也就是新古典经济学）更为广泛。

另一位有影响力的美国制度主义者是威斯利·米切尔（Wesley C. Mitchell，1874~1948年）。他是凡勃伦在芝加哥大学的学生，后来在纽约的哥伦比亚大学担任经济学教授。米切尔因创建并领导"国家经济研究局"（National Bureau of Economic Research）（一家重要的智库）以及对经济周期的经验研究而闻名，然而，他的研究被抨击为"没有理论的度量"。

在谈论美国制度主义者时，我们还会提到阿林·杨格（Allyn A. Young，1876~1929年）和弗兰克·奈特（Frank H. Knight，1885~1972年），他们将新古典经济学和制度主义经济学的要素进行了整合。杨格对规模报酬递增在经济增长过程中的作用的研究，为现代增长理论的发展铺平了道路。奈特的《风险、不确定性和利润》（1921年）对现代决策理论做出了关键的贡献。他首次引入了"概率风险"（probabilistic risk）与"不确定性"（uncertainty）之间的区分，其中概率风险可以通过购买保险应对，而承担不确定性则需要“企业家精神”（entrepreneurial spirit）。

另外两位将制度主义与其他学派相结合的北美经济学家，是约翰·肯尼斯·加尔布雷思（John Kenneth Galbraith，1908～2006年）和肯尼斯·艾瓦特·博尔丁（Kenneth Ewart Boulding，1910～1993年）。加尔布雷思的著作包含了制度主义和凯恩斯主义的元素（见第五章）。他撰写了约30本文采卓著的书籍，对主流经济学和传统智慧提出了挑战，由此在第二次世界大战后的最初几十年里成为公众中最知名的经济学家之一。在《丰裕社会》（1958年）中，加尔布雷思坚持认为，在资本主义市场经济中，存在着过度生产私人消费品的趋势，而公共部门却得不到足够的支持。在《新工业国》（1967年）中，他强调了现代大型公司的支配地位以及技术专家在这些公司中的权力。博尔丁是一位涉猎广泛的社会科学家，也是演化经济学的倡导者之一。他呼吁将经济 【77】学与生态平衡和动态、基因生产等生物学概念相结合（另见第六章）。

历史主义和制度主义的思想遗产

如果要问历史主义和制度主义留下了什么思想遗产，那么最直接的答案在于：历史和制度。本章所述各学派的成员对经济史的编写做出了宝贵的贡献，其中一些人——如季德、奈特和熊彼特——是著名的经济思想史学家。正如上文所指出的，当前经济学中许多重要的制度——学校以及研究机构、学会和期刊——是由历史学派和制度学派的成员建立的。尽管如此，现在的经济学家还是常常认为这些学派是过时的和非理论的（如果他们知道这些学派的话）。然而，历史主义和制度主义为经济思想的进一步发展提供了各种动力，其中一部分是批判，但也有一部分是对新古典经济学的拓展。在第六章中，我们将对其中的一些进展进行讨论。

作为总结，我们应当关注一下 19 ~ 20 世纪的历史主义与制度主义的另外两大引人注目的影响。首先，发展经济学的发展很大程度上归功于从这些学派继承的思想。这些学派在德国和美国的发展最为强劲并非巧合。与英国和法国相比，它们都是经济发展的后发国家。为了追赶领先的国家，这两个国家的经济学家更加重视促进发展的制度的发展，包括保护主义的贸易政策。由于经济发展中仍然存在后发国家，且依然处于大转型时代（如 20 世纪 90 年代以来的东欧和中国），相对主义学派一直享有一定的知名度。

其次是学科的分化。讽刺的是，这种分化是在对经济、文化和其他社会现象的整体观中产生的。经济史作为一门独立分支学科的发展，显然是历史学派的工作发展的结果。此外，社会学作为一门独立学科的许多发展，也可以归功于历史主义者和制度主义者的工作和倡议。如今，这些学派的一些代表人物被有些学科宣称是其成员，而另一些代表则几乎不被任何学科所接受。例如，韦伯、凡勃伦和桑巴特被奉为社会学的开创者。类似地，瑞典经济学家和诺贝尔经济学奖获得者冈纳·缪尔达尔（Gunnar Myrdal，1898 ~ 1987 年）（他有时将自己称为一名"晚期制度主义者"）也常常被看作一位社会学家。我们将在下一章审视缪尔达尔对宏观经济学的贡献，而作为本章的结束，我们将介绍他为解决"价值判断之争"提出的睿智建议。

【78】　　20 世纪 20 年代末，作为斯德哥尔摩大学的一名年轻教

授，缪尔达尔坚定地主张韦伯式的要求，即保持研究不受价值判断的影响。后来，在社会研究和政治方面有了进一步的经验后，缪尔达尔得出结论：在没有事先价值判断的情况下进行研究是不可能的。在他的《社会研究的客观性》（1969年）中，缪尔达尔认为：

> 社会科学中的偏见，无法仅仅通过"坚守事实"和改进处理统计数据的方法来消除。事实上，数据和对数据的处理，往往比"纯思想"更容易受到偏见的影响。杂乱的可用研究数据，并不能通过单纯的观察而自发组织成系统性知识。如果科学家们在试图做到实事求是时不明确表明自己的观点，那么就会给偏见留下空间。
>
> （Myrdal，1969，p. 51）

然而，缪尔达尔为"价值判断之争"提出的解决方案——研究人员应始终表明自己的规范——在原则上很简单，但似乎很难实践。

参考文献

［1］Commons, John R. （1931）Institutional Economics, *American Economic Review* 21：648 – 57.

［2］Galbraith, John Kenneth （1958）*The Affluent Society*. Boston, MA：Houghton Mifflin.

［3］Galbraith, John Kenneth （1967）*The New Industrial State*. Princeton, NJ：Princeton University Press.

［4］List, Friedrich （1885）［1841］*The National System of Political Econo-*

my, translation Sampson S. Lloyd. London： Longmans, Green, and Co.

[5] Myrdal, Gunnar （1969） *Objectivity in Social Research.* New York： Pantheon.

[6] Roscher, Wilhelm （1843） *Grundriß zu Vorlesungen über die Staatswirthschaft, Nach der geschichtlichen Methode.* Göttingen： Dieterichsche Buchhandlung.

[7] Schumpeter, Joseph A. （1954） *History of Economic Analysis.* Oxford： Oxford University Press. Part IV.

[8] Sowell, Thomas （1987） Veblen, Thorstein. *The New Palgrave： A Dictionary of Economics.* London： Macmillan.

[9] Streissler, Erich （1990） The Influence of German Economics on the Work of Menger and Marshall, in Bruce J. Caldwell （ed.）, *Carl Menger and His Legacy in Economics.* London： Duke University Press.

[10] Trautwein, Hans-Michael （2002） The Credit Theory of Carl Knies, in Stephan Boehm, Christian Gehrke, Heinz D. Kurz and Richard Sturn （eds）, *Is There Progress in Economics?* Cheltenham： Edward Elgar.

[11] Trautwein, Hans-Michael （2003） G. F. Knapp： An Economist with Institutional Complexion, in Warren Samuels （ed.）, *European Economists of the Early 20th Century*, vol. 2. Cheltenham, Northampton： Edward Elgar.

[12] Veblen, Thorstein （1979） ［1899］ *The Theory of the Leisure Class.* New York： Penguin Books.

第五章

货币宏观经济学

"两分法"的魔力

在"两分法"之下，很难对极端的繁荣和萧条与当时的货币混乱（包括严重的通货紧缩和恶性通货膨胀）之间可观察到的联系进行分析。新古典经济学的微观经济学进路显然需要宏观理论基础，甚至是根本性的改变。超越这种"两分法"的努力是现代货币宏观经济学发展的起点，该学科从此围绕着货币（长期）中性问题而展开。它主要是在正－反－合的辩证运动中发展的。

在分析市场经济中价格的形成时，新古典经济学围绕着　【79】
一种"两分法"（将理论一分为二）演进，这种两分法在有
关货币的持久争论中处于核心地位。在以消费者和生产者的
个体决策为基础的微观经济推理中，价格"结构"是由边际
原理决定的（见第三章）。而在确定宏观经济总产出时，经
济学家通常会援引某种由来已久的货币数量论，将任何一般
价格"水平"的变化解释为货币数量同方向变化的结果（见
第一章）。这种对"相对价格"与"货币价格"的分析性区
分，暗示着货币对于实际经济活动而言是中性的：货币数量
的增加（减少）可以使商品和服务的总需求超过（低于）总
供给，从而导致价格水平上升（下降）。但这种货币冲击不
可能改变资源的配置，以致实际产出、收入的结构和水平受
到影响，至少在长期内不会如此。货币上的变化可能会暂时
扰乱使总供给与总需求均衡的价格机制，但不可能使其永久
地失去秩序。价格机制迟早会使市场体系恢复到其"最初
的"实际经济均衡位置。大约在"边际革命"后的最初几十
年里，经济学家一直持有这种信念。当时没有理论能够在边
际原理与货币数量论之间建立严格的联系。

在 20 世纪 20 年代和 30 年代，即第一次和第二次世界大
战之间的时期，"纯价格理论"与货币理论之间的鸿沟，开
始被视为对新古典理论及其宣称的普适性的严峻挑战。在
"两分法"之下，很难对极端的繁荣和萧条与当时的货币混
乱（包括严重的通货紧缩和恶性通货膨胀）之间可观察到的
联系进行分析。新古典经济学的微观经济学进路显然需要宏
观理论基础，甚至是根本性的改变。超越这种"两分法"的　【80】
努力是现代货币宏观经济学发展的起点，该学科从此围绕着
货币（长期）中性问题而展开。它主要是在正－反－合的辩

证运动中发展的。许多教科书用新古典主义与凯恩斯主义宏观经济学（或者说供给侧经济学与需求侧经济学）之间的争论来描述这一过程（据说这些争论如今已经消解，形成了一种"综合性的"共识）。我们发现，根据宏观经济学与维克塞尔和费雪的货币理论的联系来组织对宏观经济学史的讨论要更加有益。

维克塞尔联系和费雪联系

总的来说，货币经济学是沿着两种不同的路线发展的（见图 5-1）。第一种路线被称为"维克塞尔联系"（Wicksell Connection）（Leijonhufvud，1981），因为它可以追溯到克努特·维克塞尔（Knut Wicksell）的累积过程理论，在该理论中，通货膨胀是由于市场利率未能协调计划投资与储蓄而产生的。第二种论证路线可以被称为"费雪联系"（Fisher Connection），因为其基础是欧文·费雪（Irving Fisher）对货币数量论的重新表述，以及他在利率决定和跨期均衡问题上的观点。

维克塞尔的货币理论

维克塞尔对资本理论和财政学的贡献已在第三章中概述。他的另一个重要贡献是他的《利息与价格》（1898 年），这是一部关于利率与价格水平变化的专著。维克塞尔的雄心是针对当时的经济重新表述货币数量论，在该经济中，货币数量不再是由黄金发现或其他偶然情况决定的，而是由商品价格与资本价格的市场互动决定的。他指出，在现代金融体系中，大多数支付是通过银行账户之间的转账实现的。这些

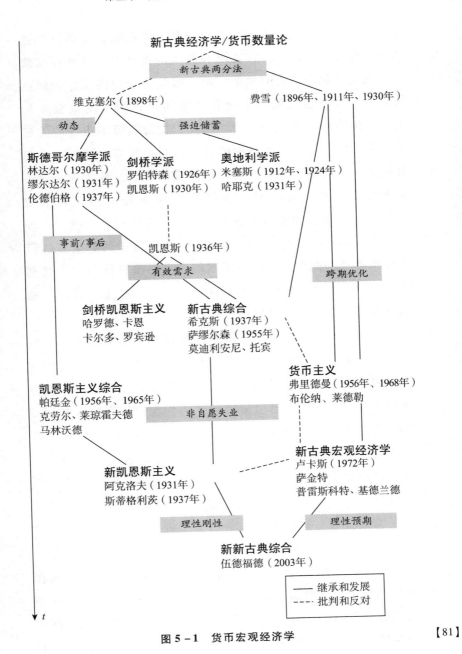

图 5 - 1　货币宏观经济学

账户产生于银行向其借款人发放贷款，这些贷款随即以存款的形式存在于账户上。在支出和收入的流动中，这些存款被转移到商品和劳动力的卖家，而卖家又部分地将其作为储蓄持有。银行将这些储蓄资金作为准备金，用于发放额外贷款，从而为商品的生产融资。因此，银行是资本市场的关键参与者，它们协调着经济中的总储蓄与总投资，并创造出额外的货币以满足"实物投资"的融资需求。这种额外的融资需求是否出现，取决于以银行贷款利率表示的"资本成本"——用维克塞尔的术语来说就是"货币利率"或"市场 【82】 利率"（market rate of interest）——与投资于商品生产的资本回报率之间的关系。维克塞尔将这种回报率称为"自然利率"（natural rate of interest），在这一利率水平上，计划实物投资在总体上等于计划储蓄。

根据维克塞尔的观点，如果自然利率超过市场利率（例如，由于某些技术创新），就会出现通货膨胀，利率之差会产生盈利预期，从而提高对贷款和投资品的需求。由于银行倾向于以现行利率满足信贷需求（因为它们依靠收取费用以及存贷款之间的利差来赚取利润），信贷扩张将引起名义收入和总需求的增加，超出满负荷生产能力的供给。如此一来，价格迟早会以一种累积的方式上升。只要市场利率低于自然利率，该通货膨胀过程就会持续。当这两个利率恰好再度重合时，新均衡中的价格水平将会高于"累积过程"（cumulative process）开始时的价格水平。

利率是一种相对价格，因为它涉及跨期交换，即对现在的商品与未来的商品的货币索取权之间的交换。通过在利率与"绝对"货币价格的变化之间建立联系，维克塞尔在确定价格结构和水平时超越了新古典两分法。然而，通过做出具体假设，在很大程度上将累积性通货膨胀或通货紧缩对实物经济的重大影响排除在外，维克塞尔坚持了——虽未表明——货币中性的看法。在这一点上，维克塞尔又沿袭了新古典两分法。

费雪的货币理论

在第三章中，我们已经描述过费雪对资本理论的贡献。和维克塞尔一样，他也是一位货币理论家。他最有名的作品是《货币的购买力》（1911 年），在这部著作中，他用交易方程式 $MV = PT$ 表述了货币数量论。其中，M 表示货币数量，V 表示货币流通速度，P 表示价格水平，T 表示相关时期的"实物"交易量（在特定假设下，T 也可以用实际国民收入 Y 代替）。这个等式从根本上来说是一个恒等式，但通常被解释为一种函数关系，其中价格水平在因果关系上是由货币数量按比例决定的（V 和 T 被认为是不变的自变量，至少在短期内是不变的）。

费雪货币理论的另一个要素，是他对名义利率与实际利率的区分。早在他的《增值与利息》（1896 年）中，费雪就认为，至少在长期内，通货膨胀会导致名义利率按比例发生变化。根据这一"费雪效应"（Fisher effect），可以通过名义利率（水平）与通货膨胀率之间的差额来估算实际利率（只 【83】要通货膨胀率不是很高）。这种关系同样是一个恒等式，但如果将通货膨胀理解为"预期通货膨胀"，该等式就成了金融市场的均衡条件。其背后的原理在于，金融投资者只有在能根据通货膨胀的变化调整利率从而保护其实际收入时，才会提供贷款。

费雪效应基于的假设是，实际利率与货币领域的变化无关。在费雪看来，实际利率本质上是由消费与闲暇的"跨期优化"决定的，是现在消费之于未来消费的相对价格。然而，费雪并没有系统地把其利息理论的这个"实物方面"与他对通货膨胀的货币数量论解释联系起来。这样一来，他保留了新古典两分法，简单地接受了货币中性假定。

联系

乍看之下，维克塞尔和费雪的观点似乎并没有很大区别。二人都为货币数量论辩护，并假定货币在长期内是中性的。尽管如此，二人也都提倡实行积极的价格水平稳定政策，因为这有助于避免由通货膨胀或通货紧缩导致的实际收入重新分配所带来的社会冲突。然而，维克塞尔利息理论进路的进一步拓展却带来了对货币中性学说的反叛。奥地利学派、斯德哥尔摩学派和凯恩斯学派中维克塞尔的追随者放松了他的一些限制性假设，为分析市场利率与"相对"价格、就业和实际国民收入的变化之间的相互作用开辟了各种路径。费雪的贡献如同两分法一般散落于其作品中，后来，费雪的货币主义和新古典主义追随者重新组合了他的理论，以便超越两分法，但还是得出了货币中性的结论。

在下文中，我们将"费雪联系"描述为一种宏观经济理论传统，在这种传统中，经济持续处于跨期均衡状态，利率仅仅衡量了社会对未来的贴现，而且货币是中性的。而"维克塞尔联系"则代表了市场利率可能无法使经济处于跨期均衡状态的理论，而且货币变量可能影响实际经济活动。为了公平起见，应该指出，费雪本人并不认为货币在短期内是中性的，而且他提出了一个债务－通缩理论（debt-deflation theory），质疑了货币的长期中性。不过，他晚至 1933 年才提出这些观点，而且是特别针对大萧条提出的，与他的其他作品也不存在系统性的联系。而在那时，坚持维克塞尔联系的一 【84】些作者，已经在将已有的大量关于经济周期的猜想转化为更严谨的宏观经济理论结构方面取得了进展。

经济周期与宏观动态

"宏观经济学"（macro-economics）这个术语直到 20 世纪 30 年代中期才被创造出来，其创造者据说是计量经济学的开创者之一和首届诺贝尔经济学奖得主——挪威经济学家拉格纳·弗里希（Ragnar Frisch，1895 ~ 1973 年）。在此之前，对总产出、价格水平和其他总量指标的变化的分析，很大程度上被认为属于经济周期理论的范畴。解释经济活动周期性波动的理论学派种类繁多，政策结论也同样五花八门，而且这些结论大多互不兼容。在大萧条期间，国际联盟（League of Nations）（联合国的前身）开展了一个关于"萧条的原因和对策"的项目，委托专家对经济周期理论进行系统分析和综合，以寻求可行的经济稳定战略。该项目的结项成果是戈特弗里德·哈伯勒（Gottfried Haberler，1900 ~ 1995 年）的杰出综述——《繁荣与萧条》（1937 年），这位奥地利经济学家后来成为哈佛大学的教授。在该综述中，现有理论学说被归类为经济周期的"纯货币理论""投资过度论""失调论""消费不足论""心理理论""农业收成论"。在综合部分，哈伯勒强调了加速原理（见第四章）的重要性，并从累积过程的角度描述了周期性的扩张和收缩。

尽管在半个多世纪的时间里，经济周期理论的课程一直将哈伯勒的著作列入阅读书目，但他的综述几乎没有对稳定政策的设计产生过影响。相比之下，从 20 世纪 30 年代开始作为一个独立领域发展的宏观经济学，对政策设计的影响更加深刻。在 IS-LM 模型中，它实现了自身的综合，该模型至今仍存在于许多宏观经济学教科书中。它也可以追溯到 1937 年牛津大学经济学家约翰·希克斯（John R. Hicks，1904~1989 年）的论文《凯恩斯先生与古典学派》。在讨论凯恩斯、希克斯和 IS-LM 模型之前，我们将先以奥地利学派和斯德哥尔摩学派为例，看一看维克塞尔联系中经济周期理论与宏观经济学的分化。

奥地利学派的经济周期理论

维克塞尔希望他的《利息与价格》能提供一个关于（长期）通货膨胀和通货紧缩的理论，而非关于经济周期的理论。他认为周期完全是一种"实物"现象，是由无规律的技术进步对经济的干扰造成的。然而，新古典经济学的"奥地利学派"（Austrian school）的第二代成员弗里德里希·奥古斯特·冯·哈耶克（Friedrich August von Hayek，1899~1992 年），却使用维克塞尔的方法同时服务于两个目的：第一个目的是为经济周期提供一个一般性解释，第二个目的是将货币理论与新古典一般均衡理论相结合，也就是超越两分法。

哈耶克的奥地利学派经济周期理论（Austrian business cycle theory，也被称为 ABC 理论）建立在第二代奥地利学派的另一位成员，路德维希·冯·米塞斯（Ludwig von Mises，1881~1973 年）的思想的基础之上。1931 年，哈耶克从维也纳来到了伦敦政治经济学院。同年，他在主题为"价格和生产"的四场讲座中阐述了该理论。哈耶克认为，错误的货

【85】

币政策会使市场利率低于均衡利率 (即维克塞尔的 "自然利率") 。这个缺口会导致信贷繁荣和货币扩张,从而将购买力重新分配给借款企业。他们对投资品的需求必然会改变价格和生产的 "结构",并迫使家庭因价格上涨而抑制消费 [强迫储蓄 (forced saving)]。然而,根据哈耶克的说法,这种扩张不可避免地会以危机收场。消费品迟早会变得极为稀缺,导致价格和生产结构发生逆转,进而使许多尚未完工的投资项目变得不再可行。危机将使体系回到一般均衡理论所确定的计划储蓄和计划投资的初始水平。

哈耶克认为,危机是一种治疗手段,而货币政策应该是紧缩性的和中性的。这种看法使他的奥地利学派经济周期理论在大萧条中并不十分受欢迎。皮埃罗·斯拉法 (Piero Sraffa) 以及当时的其他经济学家也批评该理论在逻辑上毫无根据。然而,近几十年来,每当货币扩张以伴随着大量长期投资项目的失败的金融危机爆发而告终时,这一理论偶尔还是会卷土重来。

斯德哥尔摩学派

1936 年,当时最重要的经济学家之一、剑桥大学的约翰·梅纳德·凯恩斯 (John Maynard Keynes) 出版了他的 《就业、利息和货币通论》。这本书立即引起了极大的关注,尤其是因为这位著名的作者曾宣称它将彻底改变经济学。一年后,贝蒂·俄林 (Bertil Ohlin) (我们在第二章的贸易理论中提到过他) 在 《经济学杂志》 (*Economic Journal*) (由凯恩斯担任主编) 上发表了两篇长文,声称一群瑞典经济学家早已预见了凯恩斯的 《通论》,并且已经在某些方面超越了这本书。这群人当中的老一代成员包括埃里克·林达尔 (Erik

Lindahl，1891～1960 年）、冈纳·缪尔达尔（Gunnar Myrdal，1898～1987 年）和俄林（1899～1979 年）本人，年轻一代的成员则包括埃里克·伦德伯格（Erik Lundberg，1907～1987 年）和其他一些人。俄林将这群人命名为"斯德哥尔摩学派"（Stockholm school），尽管其成员并非全部在瑞典首都斯德哥尔摩工作，而且他们中的大多数人强调的是彼此理论和政策观点之间的差异而非相似性。然而，他们却拥有一些共同的见解，且他们做出的一些贡献值得简要总结。

【86】

斯德哥尔摩学派宏观经济学的第一个亮点是由两本著作确立的，这两本著作分别是林达尔的《货币政策的方法》（1930 年，英译版收录于《货币和资本理论的研究》，题为《第二篇：利息率和物价水平》，1939 年出版）和缪尔达尔的《货币均衡论》（1931 年，英译版 1939 年出版）。在对维克塞尔的《利息与价格》进行批判性考察的过程中，两位作者都认为，货币数量论和新古典价格理论的静态均衡分析，并不适用于研究价格水平、产出和收入分配的变化。和斯德哥尔摩学派的许多其他成员一样，他们二人强调需要发展出一种动态的宏观经济理论，其中预期的形成是一个核心问题。一方面，企业和生产者将他们的交易计划建立在对价格、数量和其他市场过程的结果的预期之上。另一方面，这些结果往往会与经济主体的原计划有所差异，如此一来，预期就不会实现，以至于经济主体可能不得不在以后的时期里调整他们的预期。这种调整过程会呈现通货膨胀和通货紧缩的累积过程的特征，在这个过程中——取决于初始条件和其他因素——产出可能会发生变化，同时可能会出现失业。缪尔达尔创造了"事前"（*ex ante*）和"事后"（*ex post*）的术语，以区分相关变量的计划值和实际值。"事前/事后"

术语以及情境分析法（scenario technique），即区分不同的计划与调整序列，是斯德哥尔摩学派对宏观经济思想的持久贡献。

在沿着这种路径发展宏观动态理论的过程中，林达尔和伦德伯格完成了最为系统的工作。林达尔（Lindahl，1939）为非均衡状态下价格形成的序列分析制定了框架。他假设卖家根据他们的预期设定价格，而这些预期经常（在事后）被证明是错误的。在一些市场上以"错误价格"出售商品，会产生过剩的供给和需求，并反馈到整个市场体系中，引发预期与价格在进一步的交易中的调整。然而，在林达尔看来，市场过程由预期驱动，并不包含任何内在的一般均衡趋势。林达尔的序列分析（sequence analysis）预见了凯恩斯主义理论，这些理论在20世纪70年代开始强调错误价格在有效需求的决定中所起的作用。

然而，林达尔也预见了货币主义的要素：他要求货币政策应严格以稳定价格水平为目标，以此稳定市场过程中预期的形成。他建议，应该给予中央银行完全的工具独立性，使其独立于其他权力机构。这一思想在20世纪末受到了重视，【87】并在世界各地得到了实践。

伦德伯格的《经济扩张的理论研究》（1937年）是早期动态宏观经济学的另一个范例。在这部著作中，我们能在稳态增长条件的确切定义中找到现代增长理论的基本要素，该著作也因而成为包含相关内容的最早出版物之一。伦德伯格将其作为模型序列分析的基准，这些序列包含的危机情境既有哈耶克式的过度投资，也有凯恩斯式的储蓄不足，并且二者被还原为其共同的维克塞尔式核心。

凯恩斯与凯恩斯主义者

《就业、利息和货币通论》（1936 年）对经济思想产生了深刻的影响——这正是其作者凯恩斯所预期的。这部著作常被视为一场宏观经济政策革命的开端，尽管在理论构建和政策制定上究竟发生了多大的实质性变化这一问题上存在争议（参见 Laidler，1999）。《通论》被广泛阅读，并被尊奉为宏观经济学的圣经——虽然可能与作者所预期的方式有所不同。很难说凯恩斯会如何看待在经济学家中流传的对其《通论》的所有解释。在这里，我们将不得不对凯恩斯本人认为是核心的观点，以及在不同的凯恩斯主义中保留下来的观点做一个简短的介绍。

约翰·梅纳德·凯恩斯

剑桥大学著名经济学讲师约翰·内维尔·凯恩斯（John Neville Keynes）的儿子，约翰·梅纳德·凯恩斯（John Maynarcl Keynes，1883～1946 年），后来成为剑桥经济学家中最杰出的人物。他跟随马歇尔和庇古学习经济学。在第一次世界大战期间，凯恩斯在英国财政部工作，并在 1919 年的凡尔赛和会上担任英国财政部的代表。在《和约的经济后果》（1919 年）中，凯恩斯对《凡尔赛和约》强加给德国的苛刻义务进行了批判性考察，并因这本书而闻名全世界。后来凯恩斯回归了剑桥大学的学术生活，担任着《经济学杂志》（*Economic Journal*）的主编（从 1911 年到 1945 年一直从事这项工作），靠金融投机发了财，管理着国王学院的基金，并创办了"英国艺术委员会"（British Arts Council）。第二次世界大战期间，凯恩斯再次参与了政治任务，其中最重要的是参与关于国际货币合作的《布雷顿森林协议》签订前的谈判。凯恩斯提议建立超国家的中央银行，并建立一个用于清算国际收支的虚拟记账单位"班柯"（Bancor）。由于美国政 【88】府的谈判力，谈判并未达成如此激进的协议，但后来货币一体化倡议的各种要素——包括欧洲货币单位和欧元的建立——都可以追溯到"凯恩斯计划"（Keynes Plan）为战后货币秩序提供的方案。

凯恩斯著作颇丰，这里我们只选出其中的两部。第一部是他的《货币论》（1930年）。这部两卷本的著作使凯恩斯牢牢站在了"维克塞尔联系"一边，因为它从利率缺口与价格水平波动的互动角度解释了信贷周期。在接下来几年的大萧条中，凯恩斯的注意力从价格的累积变化转向了实际产出和收入的累积变化，形成了《就业、利息和货币通论》（1936年）这一成果。在法文版序言中，凯恩斯总结了他的主要观点：

> 我把我的理论称之为一套通论。之所以这样说，我 【89】的意思乃是指，我主要关心的是整体经济体系的表现……我们可以表明，一般来说，产出和就业的实际水平不取决于生产能力或先前的收入水平，而是取决于当前的生产决策，而生产决策又取决于当前的投资决策和现在对当前及未来消费的预期。
>
> （Keynes，1973，pp. xxxii–iii）①

---

① 有关《就业、利息和货币通论》的引文翻译，参考了李井奎译《〈通论〉法文版序言》。——译者注

就这样，凯恩斯强调，生产和就业水平是由"有效需求原理"（principle of effective demand）决定的，而不是像萨伊定律所假定的那样由资本和劳动的供给决定（见第一章）。此外，利率所承担的角色，与新古典经济学所赋予它的协调储蓄和投资的任务完全不同：

> 利率的功能是保持均衡，但这个均衡不是新资本品供求之间的均衡，而是货币供求之间的均衡，也就是说，是保持了对"流动性"的需求与满足这一需求的手段之间的均衡。
>
> （Keynes，1973，p. xxxiv）

因此，利率是由"流动性偏好"（liquidity preference）决定的。它被定义为那些不以最具流动性的形式（即货币）持有其财富的人承担的一种风险溢价。它同时决定了实际收入和价格的水平。由此，凯恩斯反驳了新古典两分法：

> 我称这本书为《就业、利息和货币通论》；我提请大家注意的该书的第三个特征，是它对货币和物价的处理。下面的分析记录了我从货币数量论所带来的混淆中最后的脱离，这个理论一度使我深陷其中。我把总体物价水平之被决定的方式视作与单个物价之被决定的方式全然相同；也就是说，同样受供求的影响……货币数量决定了流动性资源的供给，因之也就决定了利率，连同其他影响投资诱导的因素（尤其是信心因素），这些因素转过来又通过供求作用确定了收入、产出和就业以及总体物价水平的均衡水平，从而使均衡

状态得以达成。

(Keynes，1973，pp. xxxiv - v)

因此，凯恩斯《通论》的关键思想体现在对有效需求原理、流动性偏好和"资本边际效率"（即边际实物投资的内部收益率）的结合上。

凯恩斯假定，供给在短期内会根据需求进行调整。因此，他可以用比较静态均衡分析的简单术语描述他的理论。在他看来，对于就业来说，总需求比供给侧调整的结构细节更重要。这样，他就可以将自己的分析保持在"总体"层面上。凯恩斯将宏观经济均衡定义为一种实际总收入和市场利率的组合，在这个组合下，商品市场和金融市场的总需求会等于总供给。这一定义暗示着在数量调节机制的作用下，总收入会转化为支出，使得储蓄等于投资。与新古典经济学的逻辑相反，在凯恩斯看来，投资不是由储蓄和资本边际生产率（在均衡条件下与利率相等）决定的。恰恰相反，投资的变化是由市场利率和资本边际效率的变化引起的，它们引发了总收入的变化，从而产生了事后等于投资的储蓄。

就这样，凯恩斯假定了一种收入机制，它与斯德哥尔摩学派模型中的一些序列相似，但凯恩斯更重视这些序列中刻画的独立的数量调节，而非价格调节这一中间阶段。此外，这种收入机制也有别于凯恩斯在《货币论》（1930 年）中着重提出的维克塞尔式利率机制。这就是为什么在图 5 - 1 中，凯恩斯 1930 年和 1936 年之间的联系是一条虚线。

与萨伊定律的新古典解释相反，凯恩斯认为，宏观经济　【90】均衡与"非自愿失业"（involuntary unemployment）是可以共存的。商品和资产的有效需求和供给可能会下降到一定的水平，使得许多愿意为现行工资率工作的人无法得到工作机会。凯恩斯认为这种"就业不足均衡"（underemployment equilibrium）是经常发生且持续存在的现象。在他看来，（新）古典经济学的"充分就业均衡"（full-employment equilibrium）不过是一种假设的理想情况。

为什么实际工资的减少不会自动使劳动力市场恢复均衡？凯恩斯对这个问题有两个回答。第一，工资不仅仅是一个成本因素，也是有效需求的一个重要因素。削减工资对总需求的影响可能是负面的。第二，凯恩斯强调，货币不是中性的，它作为最具流动性的资产，会通过这种关键作用影响投资和就业。如果对价格下跌的债券和股票的投机行为增加了流动性偏好，那么工资的任何削减都不会改变失业问题。这会使利率上升至如此之高的水平，以至于投资达不到实现充分就业所需的数量。凯恩斯的《通论》得出的政策结论是，每当有效需求受市场力量影响而减少时，只有政府准备好通过增加公共开支以稳定需求，才能防止就业不足的出现。

凯恩斯主义

《通论》出版后不久，人们就开始谈论"凯恩斯革命"（the Keynesian Revolution）。而在35年后，甚至连美国总统、共和党人理查德·尼克松（Richard Nixon）也声称"我们现在都是凯恩斯主义者了"。即使真的发生过一场革命，它也并未产生凯恩斯所预期的那种效果。凯恩斯主义分裂成不同的思想路线，并在20世纪70年代和80年代完全过时。当它以"新凯恩斯主义"（New Keynesianism）之名在90年代回归时，其形态已经大不相同。这中间发生了什么？

如上所述，希克斯（Hicks，1937）曾在一个比较静态模型的框架内对"凯恩斯先生与古典学派"进行了比较。这个模型后来被称为"IS-LM 模型"，并被大多数宏观经济学教科书所采用。IS-LM 模型的基本内容如下：I 表示投资，S 表示储蓄，L 表示货币（流动性）需求，M 表示货币供给。投资是（实际）利率的函数，储蓄是实际收入的函数，而实际收入等于国内生产净值。人们持有货币是为了交易，以及通过投机实现财富最大化。因此，货币需求既取决于收入，也取决于利率。货币供给是由中央银行自主决定的。这样一来，五个市场均衡可以通过图 5 - 2 来说明，其中纵轴是利　【91】率（r），横轴是总收入（Y）。

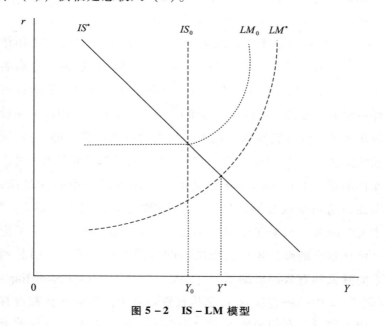

图 5 - 2　IS - LM 模型

　　IS 曲线代表所有能使资本市场达到均衡的利率与收入的组合（这些组合也能间接使消费品市场达到均衡）。相应地，LM 曲线显示了所有能使货币市场达到均衡的利率与收入的组合（作为金融资产市场的代表，债券市场也能间接实现均衡）。宏观经济均衡被定义为 IS 曲线和 LM 曲线相交处的利率与收入的组合。根据曲线的斜率和位置，IS-LM 均衡可能是充分就业均衡（Y^*），也可能是就业不足均衡（Y_0）。

对希克斯而言，IS-LM 模型的分析表明，无论是凯恩斯《通论》的关键特征，还是新古典经济学的标准方法，都可以由同一个模型来刻画。然而，凯恩斯认为他的理论与新古典经济学理论是不相容的。此外，他声称自己的理论是一个"通论"，而新古典经济学的标准模型只局限于所有价格、工资和利率完全灵活的特殊情况。希克斯的综合模型与这一观点相冲突，但凯恩斯并没有表示反对。

IS-LM 模型是凯恩斯的思想与新古典一般均衡理论相结合的第一步。萨缪尔森（Samuelson，1955）将这种结合命名为"新古典综合"（neoclassical synthesis），因为它把新古典经济学的充分就业均衡作为基准情形，并将凯恩斯的理论领域简化为了三种可能导致就业不足均衡的特殊情形，即（i）流动性陷阱，（ii）投资陷阱，（iii）工资刚性和价格刚性。"流动性陷阱"（liquidity trap）是指货币需求的利率弹性过高，因而市场利率也过高，以至于无法实现充分就业，图 5-2 中 LM_0 曲线的水平部分描述了这一点。在这种情况下，无论是价格水平的降低还是货币供给的自主增加，都不会引起利率的降低和有效需求的增加。"投资陷阱"（investment trap）（图 5-2 中的垂直线 is_0）是指投资对利率的任何变化都没有反应的情况。利润预期可能过于悲观，因此资本边际效率太低，无法带来足够的投资。正如凯恩斯所建议的那样，通过公共开支增加需求，是避免这两种陷阱最好的办法。

然而，随着时间的推移，IS-LM 分析中的函数关系被人

【92】

用微观理论模型予以重构，而这些模型对流动性陷阱和投资陷阱的现实相关性提出了质疑。弗兰克·莫迪利安尼（Franco Modigliani，1918～2003 年）、詹姆斯·托宾（James Tobin，1918～2002 年）、威廉·鲍莫尔（William Baumol，生于 1922 年）和唐·帕廷金（Don Patinkin，1922～1995 年），为这些新古典综合的"微观基础"做出了主要贡献，他们四人在美国不同的大学任教。在他们的工作中，流动性陷阱和投资陷阱被简化为单纯的可能性，而且即使它们真的出现了，也只可能持续很短的时间。因此，工资和价格刚性似乎为解释就业不足均衡提供了最后也是唯一的途径。价格和工资所缺乏的这种向下的灵活性，在凯恩斯的《通论》中没有发挥任何核心作用。然而，它们很好地激励了 20 世纪 50 年代和 60 年代以增长为导向的稳定政策，这些政策被称作"凯恩斯主义的全球需求管理"（Keynesian global demand management）。一般来说，这些政策包括对扩张性财政政策和货币政策的组合使用，其中中央银行通过购买国债将公共债务货币化，以便将利率稳定在低水平。这样一来，货币数量开始增长，以至于通货膨胀成为一种持久现象。

1960 年，麻省理工学院的经济学家萨缪尔森（Paul Samuelson）和索洛（Robert Solow）提出，在货币稳定与充分就业之间存在着一种权衡，或者从反面的角度来看，人们需要在通货膨胀与失业之间做出抉择。他们将自己的论点建立在所谓的"菲利普斯曲线"（Phillips curve）之上（见图 5-3）。

最初，这条向下倾斜的曲线显示的是名义工资变化与失业率之间稳定的负相关关系，这是伦敦政治经济学院的经济学家奥尔本·威廉·菲利普斯（Alban Williams Phillips，1914～1975 年）对英国数据进行回归的结果。在特定的假设下，原

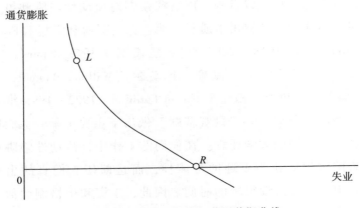

图 5 - 3　（修正后的）菲利普斯曲线

始的菲利普斯曲线可以被解读为通货膨胀和失业之间存在着一种稳定的此消彼长关系。这种此消彼长关系似乎暗示着政策制定者必须做出一种"菜单选择"（menu choice）。他们要么以充分就业为目标，但必须接受随之而来的高通货膨胀率（图 5 - 3 中的 L 点），要么努力保持价格水平稳定，但相应的代价是高失业率（R 点）。菲利普斯曲线意味着货币在长期内不是中性的。在 20 世纪 60 年代，政策制定者和经济学家普遍倾向于"充分就业菜单"（L 点），因为他们认为比起价格水平的变化，失业会给社会带来更为沉重的代价。

"IS – LM 模型"和"菲利普斯曲线"是新古典综合的基本要素，而该综合成了对凯恩斯《通论》最流行的解释。然而，凯恩斯主义还有更多变体。除了（在刚才一部分讨论过的）最新版本之外，我们还应该提及两个更早的版本，它们分别被称为"剑桥凯恩斯主义"和"凯恩斯主义综合"（见图 5 – 1）。

有一群凯恩斯的追随者致力于发展与新古典学派具有根本性差异的资本、增长和分配理论，他们常常被称为"剑桥凯恩斯主义"(Cambridge Keynesianism)。这群人中最杰出的成员包括罗伊·哈罗德(Roy Harrod,1900~1978年)、琼·罗宾逊(Joan Robinson,1903~1983年)、理查德·卡恩(Richard Kahn,1905~1989年)和尼古拉斯·卡尔多(Nicholas Kaldor,1908~1986年)。剑桥凯恩斯主义者的立场在于,对于实际经济活动而言,货币"从根本上来说是非中性的"。他们认为,货币经济(monetary economy)的特点是利润的内在不确定性和增长过程的不稳定性,这往往会产生持续的失业。他们呼吁通过对市场过程的长期政府干预来防止失业。然而,剑桥凯恩斯主义者的作品过于多样化,无法用一个可以与 IS-LM 分析相媲美的统一的核心模型来刻画。 【94】

　　另一方面,"凯恩斯主义综合"(Keynesian synthesis),则尝试将新古典经济学的微观理论与凯恩斯主义的宏观理论相结合,从而强调凯恩斯思想的普适性。其开创者之一是以色列经济学家帕廷金(Don Patinkin),他在 20 世纪 50 年代和 60 年代于芝加哥大学学习和工作。他的《货币、利息和价格》(1965 年)既完成了新古典综合的工作,又开启了凯恩斯主义综合的研究。其他做出重要贡献的人物还有罗伯特·克劳尔(Robert Clower,1926~2011 年)、阿克塞尔·莱琼霍夫德(Axel Leijonhufvud,1933~2022 年)和埃德蒙·马林沃德(Edmond Malinvaud,1923~2015 年),其中克劳尔和莱琼霍夫德当时都在美国的西北大学工作,马林沃德则供职于法国国家统计与经济研究所。凯恩斯主义综合建立在一个简单的技巧之上,它采用了瓦尔拉斯式的理性决策假说,但颠覆了价格比数量调整更灵活的标准假设。因此,它没有假定市场过程总能在瞬间无成本地产生均衡价格。如果价格形成的过程需要耗费时间和代价,那么许多交易就有可能以

"错误价格"进行，市场就无法出清。在这种"错误交易"的过程中，卖家或买家将被配给，即他们无法完全完成他们所计划的销售或购买。例如，如果对劳动力的需求小于现行（实际）工资率下的供给，一些人就会失业，或者所有的人都会在部分时间失业。过剩的供给可能会引起工资或价格的调整，但它同时会影响到其他市场。由于工资收入低于其计划水平，消费计划不得不被修改。对消费品的有效需求的下降会引起对劳动力需求的进一步削减——以此类推。价格可能会调整，但调整的速度不足以阻止配给通过市场体系发生进一步外溢。

由此，刻画完全竞争下的理性决策的新古典理论被改造成了一种"双重决策假说"（dual decision hypothesis）。在瓦尔拉斯一般均衡的特殊情况下，所有市场主体都能实现他们的供给和需求计划。在这种情况下，计划只取决于价格。而在其他情况下，一些（或所有）市场主体不能完全实现他们的计划。他们必须修改计划，而这会在其他市场上引起非均衡，在许多情况下，这些非均衡又会反馈到最初发生配给的市场中。在这种凯恩斯主义综合中，瓦尔拉斯均衡是一个纯粹的假设情形。现实世界充满了配给——如排队、等待时间以及其他与完全灵活价格假设相冲突的现象。凯恩斯主义综合的问题在于该理论不具有一般性。它缺乏分析工具，无法预测数量配给何时、如何以及在何种程度上会引起价格调整。

【95】 # 凯恩斯革命的反革命

"凯恩斯革命"引发了两波反对的浪潮。一波是所谓的"货币主义"（monetarism），它起源于芝加哥，逐渐兴起并在

20 世纪 70 年代达到顶峰。另一波是所谓的"新古典宏观经济学"①，它同样起源于芝加哥，紧随货币主义之后兴起，并于 80 年代达到高潮。

货币主义

"货币主义反革命"始于 1956 年，在那一年，芝加哥大学的米尔顿·弗里德曼（Milton Friedman，1912～2006 年）出版了《货币数量论：一种重新表述》。20 年后，当弗里德曼被授予诺贝尔经济学奖时（于 1976 年），许多中央银行已经转变为以钉住货币数量作为中介目标，货币主义这种自由主义似乎已经战胜了凯恩斯主义在"社会工程"（social engineering）和"微调"（fine-tuning）经济方面的努力。对货币主义文献做出其他重要贡献的有：伦敦政治经济学院、芝加哥大学和日内瓦大学教授，加拿大人哈里·约翰逊（Harry Johnson，1923～1977 年）；罗切斯特大学教授，瑞士人卡尔·布伦纳（Karl Brunner，1916～1989 年）；以及先后在曼彻斯特大学和西安大略大学担任教授的英裔加拿大人大卫·莱德勒（David Laidler，生于 1938 年）。

弗里德曼从微观理论的角度对凯恩斯主义和货币数量论做了重新解释，并以此为基础批评了凯恩斯主义。他认为，货币数量论本质上是一种货币需求理论，而不仅仅是一种关于价格水平决定的假说。秉承着费雪、马歇尔和早期凯恩斯的传

---

① 此处原文为"new classical economics"，直译为"新兴古典经济学"或"新古典主义经济学"。为了与以马歇尔等为代表的"新古典经济学"（neoclassical economics）（本书第二章的讨论）相区分，中文更常采用"新古典宏观经济学"指代这一学派。因此，本书统一将"new classical economics"译为"新古典宏观经济学"，以便读者区分；同时，书中所有的"新古典主义"均对应英文的"neoclassical"。——译者注

统，弗里德曼将货币需求概念化为对实际余额——根据通货膨胀调整的货币持有量——的需求。因此，货币需求是由通货膨胀率以及通货膨胀率对其他资产的持有的影响共同决定的。通过理论与历史研究，弗里德曼得出结论认为，货币需求（在实际余额的意义上）比凯恩斯主义者所声称的要稳定得多。基于这种稳定性，可以证明，价格水平是由货币数量决定的。

　　弗里德曼在美国经济学会的主席演讲中对菲利普斯曲线的批评，是他在重新表述货币数量论方面的关键性突破。这篇演讲也刊发在 1968 年的《美国经济评论》上，题目为《货币政策的作用》。他拒绝接受通货膨胀与失业之间存在稳定权衡的假说，把向下倾斜的菲利普斯曲线解释为一种短期现象，该现象是由暂时的"货币幻觉"（money illusion）造成的。弗里德曼推测，存在一个完全独立于货币政策的"自然失业率"（natural rate of unemployment）。

【96】　　　　在任何时点上都存在着某种水平的失业，这种失业水平具有这样的性质：与"实际"工资率结构中的均衡点相一致……换言之，"自然失业率"是这样一种失业水平：它可以通过费心的计算而由瓦尔拉斯一般均衡方程体系导出，条件是假定这些均衡方程中蕴含着劳动力市场及产品市场实际存在的结构性特征，包括市场的不完善，需求与供给方面的随机可变性，收集有关岗位空缺和劳动可用性的信息的费用，转换工作的成本，等等。

　　　　　　　　　　　　　　　　　　（Friedman，1968，p. 8）[1]

①　引文翻译参考了 1991 年北京经济学院出版社出版的《弗里德曼文萃》，译者为高榕、范恒山。——译者注

"自然失业率"暗示着那些没有工作的人不愿意在现行（实际）工资率下工作。失业完全是自愿的，符合失业者的偏好。在这种情况下，只有当工人低估了通货膨胀率，并将名义工资的增加与实际收入的增加相混淆时，扩张性的财政政策和货币政策才能降低失业率。在这种情况下，工人倾向于增加他们的劳动力供给。另一方面，雇主通常对通货膨胀有着更正确的预期，因为他们是价格的制定者。由于通货膨胀降低了实际工资，他们可以削减成本，从而从通货膨胀中获利。因此，企业会增加对劳动力的需求。然而，工人迟早会注意到他们的实际工资已经减少。他们要么会要求工资补偿，从而导致劳动力需求的减少，要么会将自己的劳动力供给削减到"自然"水平。

为了实现充分就业（即在统计学意义上基本雇佣了全部劳动力），货币当局将不得不通过加速通货膨胀来一而再而三地出乎工人的意料。短期的菲利普斯曲线将变得更加陡峭，而高通货膨胀的社会成本显然会超过（适度）失业的社会成本。最后，高通货膨胀将变成恶性通货膨胀，使长期投资和就业的前景变得极其不确定，这背离了凯恩斯主义稳定政策的所有初衷。对此，弗里德曼进行了总结，认为政策制定者并不会面对通货膨胀与失业之间的抉择。在长期中，菲利普斯曲线是一条位于"自然失业率"水平的垂直线。根据定义，该失业率与任何通货膨胀率都是相容的。

凯恩斯主义者可以很容易地做出回应：这种批评误解了他们的意思。弗里德曼讨论的是旨在将失业率降低到自愿失业水平以下的政治操纵，而凯恩斯主义者则希望减少非自愿失业。然而，随着时间的推移，弗里德曼的观点变得非常流行。他对需求管理的批评说服了那些对"社会工程"持怀疑

【97】 态度的人。他声称，货币政策起作用存在漫长而多变的时滞，而财政政策甚至更不可靠。因此，凯恩斯主义的逆周期政策策略往往会加剧而非缓和经济周期。20 世纪 70 年代发生的滞胀（stagflation），可以被解释为菲利普斯曲线的大幅外移（更高的通货膨胀与更高的失业率同时出现），这似乎证明了弗里德曼观点的正确性。而凯恩斯主义学派则因此名誉扫地。

"货币主义"因其结论而得名，即稳定政策应当以将通货膨胀预期稳定在较低水平为限。应恢复货币政策在 20 世纪 30 年代之前的主导地位。中央银行的首要任务应当是将货币增长维持在与经济生产潜力的增长相一致的时间路径上。根据这种观点，市场力量的自由发挥在理论上足以产生并维持充分就业。

新古典宏观经济学

货币主义者因循其费雪联系，试图通过分析市场对通货膨胀变化的调整来支持新古典两分法的货币中性假定。他们将可观察到的货币非中性解释为短期现象，是不恰当的货币政策与市场过程中的"摩擦"相互作用的结果。摩擦主要表现为预期调整滞后于现实中价格水平的变化。"适应性预期"（adaptive expectation）假说刻画了这些滞后，声称人们通过考虑先前的错误来形成对未来通胀的预期。

适应性预期假说很快就受到了新古典（new classical）批评者的抨击。获得了诺贝尔经济学奖（于 1995 年）的另一位芝加哥大学教授罗伯特·卢卡斯（Robert Lucas，生于 1937 年），以及明尼苏达大学的托马斯·萨金特（Thomas Sargent，生于 1943 年），要求所有的经济理论必须牢固地建立在瓦尔拉斯一般均衡理论的严格微观基础之上。所有的生产和就业水平变化，都应被解释为价格完全灵活和市场持续出清假设下的理性行为的结果。新古典宏观经济学的微观基础，与"非自愿失业"和"适应性预期"的概念是不相容的。在他们的框架内，所有失业都是消费和闲暇跨期优化的结果。因此，新古典宏观经济学家采纳了货币主义的"自然失业率"概念。另一方面，他们认为适应性预期与理性行为相矛盾，因为它们是回顾性的（backward-looking），而且存在系统性错误，可能导致对通货膨胀的永久性低估或高估。【98】由于市场经济主体被假定为追求效用或利润最大化，他们会利用所有能从市场和经济政策中获取的有关未来发展的信息。在追求效用和利润的过程中，所有系统性错误都会被消除，从这个意义上说，市场经济主体的预期是前瞻性的（forward-looking）和理性的。

　　从这些假设出发，那么只有一种完全反复无常、不可预测的货币政策，才有可能对失业率是非中性的。这样一种致力于通过冲击市场来减少失业的"稳定政策"，即便从凯恩斯主义的角度来看也是不合理的。它会带来更多的不确定性，破坏经济的稳定，因而也会变得名不副实。因此，新古典宏观经济学通过坚持理性预期（rational expectation），支持了货币主义对菲利普斯曲线权衡的批评。实际上，这一学说还要走得更远。它将这种批评推向了一个激进的结论：即使在短期内，也不存在通货膨胀与失业之间的权衡。

　　卢卡斯试图把经济周期解释为对货币冲击的反应，即总供给为应对不可预见的通胀性冲击（这种冲击会与相对价格的变化相混淆）而做出的变化。即便是这一仅存的货币非中性元素，也在下一轮的新古典宏观经济学中被清除了。该轮的新古典宏观经济学被称为"实际经济周期"（real business cycle）理论，其领导者是爱德华·普雷斯科特（Edward Prescott，1940～2022年）和挪威人芬恩·基德兰德（Finn Kydland，生于1943年），他们是2004年的诺贝尔经济学奖得主，当时都在美国匹兹堡的卡内基梅隆大学工作。在他们的论文《置备新资本的时间与总量波动》（1982年）中，普雷斯科特和基德兰德严肃对待了瓦尔拉斯式的要求，即完全用偏好和技术的底层数据变化来解释观测到的宏观经济变量波动。在他们和其他实际经济周期理论家的模型中，经济周期是对技术冲击和不可预见的偏好变化的最优反应。在实际经济周期进路中，货币是完全中性的，与生产和就业的变化原因无关。

新的综合？

通过简要介绍货币宏观经济学直至20世纪70年代的发展，我们似乎已经完全回到了（新）古典两分法的原点。但围绕货币中性的争论却并未就此结束。

新凯恩斯主义者

新古典宏观经济学秉持的价格完全灵活、市场持续出清的信条，尤其是非自愿失业并非一个有意义的概念的推论，使得许多经济学家感到被激怒。"新凯恩斯主义者"（new Keynesian）试图恢复"非自愿失业"这一似乎与现实有某种对应关系的概念，以及恢复其他凯恩斯主义思想的理论地位。为此，他们在某种程度上遵从了新古典宏观经济学对严格的微观基础的要求。他们的研究进路特别受到两位诺贝尔

【99】

经济学奖得主的启发，其中一位是加州大学伯克利分校的乔治·阿克洛夫（George Akerlof，生于 1940 年），另一位是当时在耶鲁大学、牛津大学和斯坦福大学工作的约瑟夫·斯蒂格利茨（Joseph Stiglitz，生于 1943 年）。阿克洛夫和斯蒂格利茨利用有关信息分布不对称和定价权（不完全竞争）存在情况下的理性行为理论，支持了传统凯恩斯主义关于数量配给和价格刚性的论点。例如，如果雇主无法以合理的成本在事前监督其雇员的工作努力，他们可以以涨工资和工资差异化作为激励来提高生产率。在合理的假设下，这种利润最大化的"效率工资设定"可以产生一种向下的工资刚性，而这完全可能与非自愿失业并存。

除了效率工资以外，新凯恩斯主义者还用价格调整成本或借款人与贷款人之间的信息不对称引起的信贷配给来解释就业不足均衡。生产能力和就业的削减，可以在短时间内摧毁需要很长时间才能重建的资本。新凯恩斯主义者强调在实物资本（工业厂房等）、"人力资本"（学历）和"信息资本"（信任和信心）方面的这种不对称性。他们认为，紧缩的货币政策会导致资本受到破坏，由此导致失业的上升与持续。从新凯恩斯主义的角度看，在就业与通货膨胀率降低（disinflation）之间存在着一种权衡，这与旧的菲利普斯曲线存在某种相似之处。

新新古典综合

一言以蔽之，宏观经济学演变的辩证逻辑可以概括为以下几点：凯恩斯宣称他的《通论》截然对立于（新古典）经济学，但凯恩斯革命很快就转变成了新古典综合。即便如此，它还是激起了货币主义和新古典宏观经济学的反革命，并在实际经济周期理论中达到了反革命的顶峰。新凯恩斯主义对这些挑战的回应，带来了"新新古典综合"（new neo-classical synthesis）的发展——目前的故事（或者说历史）到此为止就结束了。

类比原来新古典综合的 IS-LM 模型，新新古典综合被描述为 IS-AS-MP 模型，通过这个三方程体系，可以同时确定产出（缺口）、通货膨胀和利率。跨期 IS 关系通常会与另外两个函数相结合：一是新凯恩斯主义菲利普斯曲线意义上的总供给函数，二是货币政策反应函数，其通常遵循利率设定的泰勒规则（Taylor rule）。类似版本的三方程模型是当前主流宏观经济学的核心，并且已经开始出现在教科书中。迄今为止，最有影响力的贡献是由当时在普林斯顿大学工作的迈克尔·伍德福德做出的，其著作题为《利息与价格：货币政策的理论基础》（2003 年）。书名和书中的核心章节都追溯到了凯恩斯之前的维克塞尔的《利息与价格》（1898 年）。伍德福德为拓展货币政策分析而建立的基础 IS-AS-Taylor 模型被称为"新维克塞尔框架"（neo-Wicksell-ian framework）。

【100】

伍德福德在其新综合中视维克塞尔为精神领袖，因为他和维克塞尔一样，把货币政策的重点从货币数量转向了实际利率与某种"自然利率"之间的关系上。此外，他对货币政策职能的讨论，与维克塞尔的建议（即通过根据价格水平的变化调整名义利率来消除通货膨胀）有很多共同点。同时，伍德福德（Woodford，2003，p. 5）通过参考 20 世纪 20 年代和 30 年代的维克塞尔主义者（特别是哈耶克、林达尔和缪尔达尔）的研究，将他控制通货膨胀的主张建立在货币政策潜在的非中性上："恰恰因为一般价格水平的不稳定会造成相当的实际扭曲——从而导致总就业和总产出以及经济活动部门构成的无效率变动——所以价格稳定才是重要的。"[①]

然而,新新古典综合不仅含有维克塞尔联系,而且还包含明显的费雪联系。用费雪的术语来说,IS 函数描述了代表性行为主体的跨期优化,其中包含着对名义利率与实际利率的区分。在这种投资与储蓄持续处于均衡状态的背景下,很难直接对利率机制的协调失灵进行建模。同时,新新古典综合也谨慎地避免了提及货币中性这一原先的争论焦点。几乎可以肯定,新新古典综合并非对宏观经济学核心问题的最后探讨。新一轮的(反)革命可能出现。不过,发生改变的通常只是论证的风格,而争论的大部分内容在 20 世纪中叶甚至更早就已经为人所熟知。

参考文献

[1] Boianovsky, Mauro and Trautwein, Hans-Michael (2006a) Haberler, the League of Nations, and the Quest for Consensus in Business Cycle Theory in the 1930s, *History of Political Economy* 38: 45 – 89.

[2] Boianovsky, Mauro and Trautwein, Hans-Michael (2006b) Wicksell after Woodford, *Journal of the History of Economic* Thought 28: 171 – 85.

[3] Fisher, Irving (1911) *The Purchasing Power of Money: Its Determination and Relation to Credit, Interest and Prices.* New York: Macmillan.

[4] Fisher, Irving (1933) The Debt-Deflation Theory of Great Depressions, *Econometrica* 1: 337 – 59.

[5] Friedman, Milton (1969) *The Optimum Quantity of Money and Other Es-*

【101】

---

① 引文参考了 2010 年中国人民大学出版社出版的《利息与价格——货币政策理论基础》,译者为刘凤良等。——译者注

says. London: Macmillan.

[6] Friedman, Milton (1987) The Quantity Theory of Money. *The New Palgrave: A Dictionary of Economics*. London: Macmillan.

[7] Jonung, Lars (1991, ed.) *The Stockholm School of Economics Revisited*. Cambridge: Cambridge University Press.

[8] Keynes, John Maynard (1973) [1936] *The General Theory of Employment, Interest and Money*, vol. VII *of the Collected Writings of John Maynard Keynes*. London: Macmillan.

[9] Laidler, David (1999) *Fabricating the Keynesian Revolution: Studies of the Inter-War Literature on Money, the Cycle, and Unemployment*. Cambridge: Cambridge University Press.

[10] Leijonhufvud, Axel (1981) The Wicksell Connection: Variations on a Theme. In *Information and Coordination: Essays in Macroeconomic Theory*. Oxford: Oxford University Press.

[11] Lindahl, Erik (1939) *Studies in the Theory of Money and Capital*. London: George Allen & Unwin.

[12] Lucas, Robert (1987) *Models of Business Cycles*. Oxford: Basil Blackwell.

[13] Lucas, Robert (1996) Nobel Lecture-Monetary Neutrality, *Journal of Political Economy* 104: 661 – 82.

[14] Myrdal, Gunnar (1939) [1931] *Monetary Equilibrium*. London: William Hodge.

[15] Patinkin, Don (1965) *Money, Interest and Prices*, 2nd ed. New York: Harper and Row.

[16] Samuelson, Paul (1955) *Economics: An Introductory Analysis*. New York: McGraw-Hill.

[17] Snowdon, Brian and Vane, Howard (2005) *Modern Macroeconomics: Its Origins, Development and Current State*. Cheltenham: Edward Elgar.

[18] Tobin, James (1987) Irving Fisher. *The New Palgrave: A Dictionary of Economics*. London: Macmillan.

[19] Wicksell, Knut (1936) [1898] *Interest and Prices: A Study of the Causes Regulating the Value of Money.* London: Macmillan.

[20] Woodford, Michael (2003) *Interest and Prices: Foundations of a Theory of Monetary Policy.* Princeton, NJ: Princeton University Press.

第六章

谁是正统，谁又是异端？

　　不存在某种简单的方法来判断哪个学派是"正确"的。不同的学派有不同的侧重点，在不同的方面可能是"正确"或"错误"的。在某一时期被视为最佳研究实践成果的思想，可能在不久之后就会被认为具有误导性，但之后又会卷土重来。因此，对于一位严肃的经济学家，明智的做法是在面对不同的观点时，同时抱有尊重和批判的态度。

著名作家乔治·伯纳德·萧（George Bernard Shaw）[①]　【102】（他也是费边社的成员和伦敦政治经济学院的创始人之一）曾经调侃说，如果让所有的经济学家围坐在一起，他们不会达成任何一个共识。从前面的章节可以明显看出，经济思想史确实是一个富有争议的开放性话题。因此，在本书的结尾，我们不会给出某个结论，而是给大家提供三个方面的简要总结：首先是当前的正统和异端学派，其次是关于科学进步的理论，最后是其他关于经济思想史的有用指南。

正统与异端经济学

之前的章节表明，对经济问题的观点随着时间的推移发生了改变。几乎在所有的时间里，都并存着不同的学派，其中往往有一个学派占据主导地位。顾名思义，占据主导地位的学派被同时代的大多数经济学家认为是"正统"（orthodoxy），即正确的学说。与主导学派不同的其他学派被称为"异端"（heterodox）。当然，它们也被其追随者认为是正确的。我们希望本书已经表明，不存在某种简单的方法来判断哪个学派是"正确"的。不同的学派有不同的侧重点，在不同的方面可能是"正确"或"错误"的。在某一时期被视为最佳研究实践成果的思想，可能在不久之后就会被认为具有误导性，但之后又会卷土重来。关于货币数量论或社会财富与福利最大化政策的观点流变，或许可以佐证这一点。因此，对于一位严肃的经济学家，明智的做法是在面对不同的观点时，同时抱有尊重和批判的态度。

---

①　中文通常译为萧伯纳。——译者注

【103】　　当前的正统及其扩展

新古典经济学（neoclassical economics）无疑是当前的正统经济学。如今，大多数经济学家都相信效用最大化和市场均衡是分析的关键概念。绝大部分研究文献都或多或少建立在其基础之上。但声称新古典经济学是正统并没有很大意义，因为它有着太多的变体，以至于几乎没有经济学家会认为它是一个定义明确的学派。相反，它被看作一个通用的工具箱，一个领域的经济学家会从中选择一套分析工具以服务于他们的目的，而其他领域的经济学家则从中挑选其他工具。

"工具箱"的比喻，常常被那些将新古典方法的应用范围扩展到一般均衡理论和福利经济学的传统核心领域之外的经济学家所使用。诸如"新政治经济学"（new political economy）、"新制度经济学"（new institutional economics）等众多名称，均表明曾经属于其他学派领域的问题现在都可以用新古典方法来研究。经济学家运用边际原理和某种市场均衡的概念，将政治乃至法律视为与政治家的效用最大化相联系的租金分配过程进行分析。这一研究方向通常也被称为"公共选择"（public choice）。这与古典政治经济学和早期的新古典经济学经常假定经济由某个仁慈的独裁者统治的做法大不相同，而且似乎更加贴近现实。与历史学派和制度学派的观点相反，现在常常用个体最优化行为来解释制度的诞生，其中运用的具体边际原理是交易成本最小化。对这两个研究方向做出关键贡献的有：曼瑟·奥尔森（Mancur Olson，1932~1998年），当时在普林斯顿大学工作；奥利弗·威廉姆森（Oliver Williamson，1932~2020年），2009年诺贝尔经济学奖得主，当时在宾夕法尼亚大学工作；詹姆斯·布坎南（James Buchanan，1919～2013年）及其合作者戈登·塔洛克（Gordon Tullock，1922～2014年），前者为1986年诺贝尔经济学奖得主；以及经济史学家道格拉斯·诺斯（Douglass North，1920～2015年），1993年诺贝尔经济学奖得主，当时就职于华盛顿大学。

理性经济行为的新古典原理得到了如此普遍的应用，以至于出现了"经济学帝国主义"（economic imperialism）的说法。许多经济学家使用新古典工具来分析所谓的"非经济主题"，如艺术、婚姻和毒瘾。芝加哥经济学家和1992年诺贝尔经济学奖获得者加里·贝克尔（Gary Becker，1930～2014年），是这个特殊分支中最常被提及的开创者。

然而，新古典分析的扩展也可能暗含着对理论核心的修改。无论在何处，只要采用了其他学科（如数学、生物学和心理学）的先进方法，微观经济学教材对"经济人"（*homo oeconomicus*）的传统建构和宏观经济学的所谓微观基础就会受到责难。博弈论、行为经济学和实验经济学这些新的研究方向，在多大程度上仍然具有"真正意义上的"新古典特征，抑或已经开始颠覆当前的正统，仍然有待讨论。【104】

在我们开始介绍这些新方向之前，我们会先审视一下那些最著名的异端学派的彻底的反新古典进路。相当多的经济学家要么把自己的研究建立在以下预设命题之上：如果在经济研究的所有问题上都遵守新古典经济学的基本原理，那么只会给他们带来似是而非的可疑捷径，或效率低下的循环论证；要么他们认为，这些基本原理完全是错误的。

异端学派

最古老的异端学派之一是"新李嘉图主义"（neo-Ricardianism），我们在第二章和第三章最后已经讨论过这个学派。这个学派可能曾在 19 世纪被视为正统，但它如今属于异端，换而言之，它与新古典经济学的核心存在分歧。在新李嘉图主义对新古典经济学的批判中，核心贡献主要包括皮埃罗·斯拉法在 20 世纪 20 年代对阿尔弗雷德·马歇尔的产业经济学的评论，以及两个剑桥之间的资本争论（见第三章）。

在资本争论中，新李嘉图主义与剑桥凯恩斯主义站在同一阵线（见第五章）。后来，琼·罗宾逊、尼古拉斯·卡尔多和剑桥凯恩斯主义的其他成员成了"后凯恩斯主义"（post-Keynesianism）的精神领袖。这也是一个异端学派，其最深的根源可以追溯到凯恩斯之前的马尔萨斯、李嘉图和马克思。马克思主要通过剑桥大学的波兰经济学家米哈尔·卡莱斯基（Michal Kalecki，1899～1970 年）对后凯恩斯主义产生了影响。卡莱斯基借助马克思主义的分析框架，对工人和资本家进行了区分。他得出了同凯恩斯相似的结论：失业是资本主义经济的固有属性，资本主义会表现出周期性的波动，而价格机制无法消除这些问题。海曼·明斯基（Hyman Minsky，1919～1996 年）提出了"金融不稳定性假说"（financial instability hypothesis），他是熊彼特在哈佛大学的学生，后来在圣路易斯华盛顿大学担任教授。受其学说指引，后凯恩斯主义者还强调货币经济中投机、不稳定性和流动性偏好之间的联系。他们通常呼吁国家进行全面而互相协调的政府干预，以稳定有效需求和就业。

"现代奥地利经济学派"（Modern Austrian Economics）

则处在政治光谱的另一端。这一异端学派同样可以追溯到早期的正统学说，即门格尔及其追随者的学说（见第三章）。现代奥地利经济学派（他们不一定是奥地利公民）通常会反对将门格尔、庞巴维克和维塞尔归类为新古典经济学家。该学派的奠基人米塞斯和哈耶克（同样在第五章中描述过），强烈批评新古典经济学决定论式的均衡分析及其对国家干预主义的隐性支持。现代奥地利经济学派是激进的主观主义者【105】和自由主义者。他们认为自由市场体系首先是个人自由的必要条件，而非解决资源配置问题的有效手段（如同新古典经济学所认为的那样）。在他们的"市场过程"（market process）概念中，创新的企业家是经济发展的驱动力，因为他们有承担商业风险的倾向。由于这种行动建立在纯粹的主观判断上，现代奥地利经济学派往往拒绝使用数学模型和计量经济学方法。因此，不应将其与资本理论的"新奥地利主义"（neo-Austrian）研究进路混淆，因为该进路在庞巴维克、维克塞尔和希克斯的传统下，试图通过相当复杂的模型来阐明时间在资本形成中的作用。

约瑟夫·熊彼特（Joseph Schumpeter，1883～1950年）关于企业家作用的思想，使其同样可以被认为是现代奥地利经济学派的成员（当然，他原先也是奥地利公民）。然而，我们曾在前面的章节中偶尔提到，熊彼特很难被归为任何一种模式。他既是正统，又是异端，同时崇拜马克思和瓦尔拉斯，并且创造了自己的《经济发展理论》（1911年），将发展描述为一种"创造性毁灭"（creative destruction）的过程，认为发展是由创新和模仿驱动的周期性增长。

如今，熊彼特是"演化经济学"（evolutionary economics）中的一个关键人物，以至于"演化经济学"有时也被称为

"新熊彼特经济学"（neo-Schumpeterian economics）。这群经济学家的组织相当松散，而且正如其精神领袖熊彼特一样，它在某些方面被认为是异端，在另一些方面则被认为是正统。演化经济学与制度经济学存在交集，但更强调创新以及知识和技术的扩散。与标准的新古典增长理论或发展经济学相比，历史和"路径依赖"（path dependence）在经济发展中的作用得到了更大程度的强调。

然而，近年来，关于经济增长和发展的主流文献已经转向了演化的方向，对路径依赖以及创新和制度的重要性有了更多认识。这方面的例子包括麻省理工学院经济学家德隆·阿西莫格鲁（Daron Acemoglu，生于 1967 年）及其合著者的研究。类似地，在道格拉斯·诺思及其合著者 1989 年之后的研究中，新制度经济学也发生了朝着演化方向的转变。

新的方法

自 20 世纪中叶以来，新古典经济学也受到了许多新方法的挑战和改造。举例来说，博弈论、行为经济学和实验经济学如今已可以被看作主流经济学的一部分，且其最主要的代表已经获得了诺贝尔经济学奖。博弈论用模型刻画了策略（strategy）互动，即彼此的决策会互相影响的两个或更多决策者的行为。现代博弈论的发展起步于 20 世纪 40 年代，但早在 18 世纪的文献中就可以找到其出处。匈牙利人约翰·冯·诺伊曼（John von Neumann，1903 ~ 1957 年）和奥地利人奥斯卡·摩根斯坦（Oskar Morgenstern，1902 ~ 1977 年）二人于 20 世纪 30 年代移居美国，在普林斯顿大学工作，他们的《博弈论与经济行为》（1944 年）为现代博弈论奠定了基础。

【106】

随着时间的推移，博弈论的两种主要形式得到了发展。第一种形式的博弈论关注合作博弈，其中联盟（coalition）很重要，协议（agreement）、承诺（promise）和威胁（threat）具有约束力和可执行性。博弈论的第二种形式关注非合作博弈，也正是这种形式主导着近几十年的研究。加州大学伯克利分校的约翰·海萨尼（John Harsanyi，1920～2000年）、普林斯顿大学的约翰·纳什（John Nash，1928～2015年）和波恩大学的莱因哈德·泽尔腾（Reinhard Selten，1930～2016年）对此做出了重要贡献，并在1994年共同获得了诺贝尔经济学奖。虽然这两种形式的博弈论都可以用来重现瓦尔拉斯一般均衡理论的核心结果，但这也暴露了一个事实，即这些结果是建立在一系列非常具体的假设之上的。其他先验的、同样合理的市场过程模型，则会导出完全不同的结果。

在斯密、马歇尔和凯恩斯等最重要的经济学家的作品中，有许多关于复杂人性的思考。然而，许多经济理论都建立在"经济人"（*homo oeconomicus*）这种简化的生物之上，这是一个完全自私、充分知情且追求效用最大化的机器人，主要靠物质激励驱动。对此，"行为经济学"（behavioural economics）这一分支为经济学引入了更多现实的心理特征。在20世纪50年代，巴黎大学的莫里斯·阿莱（Maurice Allais，1911～2010年）和美国匹兹堡的卡内基梅隆大学的赫伯特·西蒙（Herbert Simon，1916～2001年）的研究，为行为经济学做出了早期贡献。20世纪70年代，耶路撒冷的希伯来大学心理学家丹尼尔·卡尼曼（Daniel Kahneman，生于1934年）和阿莫斯·特沃斯基（Amos Tversky，1937～1996年）将认知心理学引入了经济学。西蒙、阿莱和卡尼曼分别于1978年、1988年和2002年获得了诺贝尔经济学奖。

行为经济学的一个重要研究结果是，人们往往无法分析涉及概率计算的情况。他们经常从小样本中得出太过广泛的结论。一个简单的例子是"赌徒谬误"（gambler's fallacy）：如果一枚正反面等概率出现的硬币抛了三次都是正面，许多人会错误地认为第四次抛出反面的概率大于百分之五十。另一个研究结果是，风险下的决策往往与期望效用理论的预测相背离，而该理论是标准新古典经济学的核心概念。卡尼曼和特沃斯基提出了一种"前景理论"（prospect theory），该理论建立在经验观察而非看似有吸引力的公理上。许多行为经济学研究，是关于金融市场及各种（其他）类型的成瘾行为的。

【107】

如果假设人们只权衡私人利益和私人成本，而不考虑他人受到的影响，经济学有时会得出这样的结论：相比于公共所有制，个人所有制或政府规制在合理利用鱼群、牧场、森林、湖泊和地下水盆地等资源方面更有效率。然而，2009 年诺贝尔经济学奖得主埃莉诺·奥斯特罗姆（Elinor Ostrom，1933～2012 年）（她与奥利弗·威廉姆森共同获奖）发现，公共财产通常得到了极好的管理。使用者可以自己创造规则、执行规则，从而避免过度开发，但经济行为的标准基本理论很难预测这一点。

有时，经济主体的行为可以通过经济实验得到说明。长期以来，经济学被认为是一门非实验性的学科，只能依靠实地调查数据或历史经验。在 20 世纪中期，这种观点受到了挑战，经济学家开始在实验室环境下进行实验经济学研究。其中，弗农·史密斯（Vernon Smith，生于 1927 年）是这种发展的主要拥护者，当时他在亚利桑那大学工作。史密斯与卡尼曼共同获得了诺贝尔经济学奖（2002 年），这一事实也表明行为经济学与实验经济学之间存在密切的联系。

在实验经济学中，经济学家会在模仿市场的情境中研究人类行为——如不同形式的拍卖。在国际商品市场上，或者在对公共垄断进行去管制和私有化时，部分拍卖形式会与现实情况一致。

关于理论发展的理论

人们除了对科学的本质，特别是科学和非科学之间的区别（如今，人们已不急于对此给出确切答案）进行哲学讨论之外，还提出了许多理论来探讨学科发展背后的驱动力。在这里，我们会介绍经济学家的不同观点：其中有些经济学家相信，在对真理的无私追求的引领下，知识是累积性增长的；有些经济学家则认为，说服力和对权威的信仰在学科发展中起着决定性作用。

科学革命

1962 年，当时在伯克利工作的美国人托马斯·库恩（Thomas Kuhn，1922～1996 年）出版了著作《科学革命的结构》。库恩最初是一位物理学家，其科学革命思想是针对自然科学提出的。正常情况下，科学问题会在一种被普遍接受【108】的"范式"（paradigm，库恩将其定义为"特定共同体成员共享的一系列信念、价值观和技术等"）框架中得到解决。然而，随着时间的推移，越来越多的问题无法在给定的范式中得到解答，这种情况变得愈加明显。此时，危机就会出现，从而可能为新的范式铺平道路。

因为它要求大规模的范式破坏，要求常规科学的问题和技巧有重大转变，所以，在新理论突现之前，一般都有一段显著的专业不安全感时期。人们不难料想，这种不安全感是在常规科学解不开它本应解开的谜的这种持续失败中产生的。现有规则的失效，正是寻找新规则的前奏。

（Kuhn，1962，pp. 67 - 68）①

如果危机足够严重，且没有其他范式对上一个范式无法回答的问题给出解答，新范式就可能会被接受，并且取代旧范式。这样，一场科学革命就发生了。革命并不一定总是意味着进步，更不意味着在每个方面都取得进步。"在科学革命中有失也有得，而科学家似乎对前者特别视而不见。"（Kuhn，1962，p. 167）

尽管库恩本人并不喜欢将他的理论应用于社会科学，但这种现象还是发生了。在经济思想中，人们会谈论取代经院思想的重商主义革命，取代重商主义的重农主义和古典主义革命，以及新古典主义革命、凯恩斯革命等（另见第五章）。一种反对意见认为，在经济学中，新思想往往与旧思想并存。例如，相比于天文学中哥白尼的日心说，或是化学中对燃素论的摈弃，经济学中发生的变化不那么具有革命性，也不意味着与早期思想的彻底决裂。

拉卡托斯的科学研究纲领

受哲学家卡尔·波普尔（Karl Popper）的影响，当时在

---

① 引文翻译参考了 2003 年北京大学出版社出版的《科学革命的结构》，译者为金吾伦、胡新和。——译者注

伦敦政治经济学院工作的匈牙利数学家伊姆雷·拉卡托斯
（Imre Lakatos，1922～1974年）为批判库恩的理论，于1970
年发表了《证伪与科学研究纲领方法论》一文。一个研究纲
领（research programme）包含许多理论和方法论规则。有些
规则规定了应避免哪些研究路径（反面启示法），另一些规
则规定了要追求哪些研究路径（正面启示法）。所有的研究
纲领都以一个"硬核"（hard core）为特征。反面启示法禁 【109】
止科学家质疑这个硬核。相反，科学家们会发展出一系列辅
助性假设，从而形成围绕着硬核的保护带（protective belt）。
由辅助性假设构成的保护带必须承受来自外部的攻击。为了
保护硬核，保护带可能会被修改，甚至被替换，在这个过程
中，硬核可能会变得更加坚硬。如果一个研究纲领引起了
"进步的问题转换"，即该纲领的理论使发现及预测新的事实
成为可能，那么它就是成功的。根据拉卡托斯的观点，科学
的发展比库恩的范式转换理论所宣称的更加具有连续性，而
且更少出现剧烈的变化。

　　和库恩一样，拉卡托斯的理论针对的是自然科学，但他
的思想很快被社会科学家所采纳。雷米尼（Remenyi，1979）
将拉卡托斯的理论应用到了分析新古典经济学中。他认为，
占主导地位的经济学研究纲领的"硬核"包括以下命题：
（1）消费者和生产者可以被合理地假定为理性决策者，他们
知道自己想要什么；（2）经济活动的动机是个体的自利；
（3）多比少好；（4）如果存在完全知识和良好的政府，经济
福利将通过自由竞争实现最大化；（5）虽然福利与经济福利
不是同义词，但后者是对前者的一个很好的近似；（6）对于
所有与经济研究和分析相关的市场，都可以定义稳定且帕累
托有效的（Pareto-efficient）均衡解；（7）一切事物都有机会

成本；（8）抽象的简化式（reduced-form）模型和简化假设是经济分析的有效工具。

此外，雷米尼在正面启示法和反面启示法下添加了许多命题。正面启示法包括：确定重要的供给和需求函数，并为每个函数指定参数；尽可能地证明定理；如果模型可以通过经验进行检验，就进行检验；那些可消除市场不完全性的制度与环境变化总能提高配置效率和经济福利；以及其他命题。

反面启示法包括以下命题：不要寻找经济问题的次优解；非理性不是合理的行为假设，经济效率需要理性判断；任何无法应用供求概念的问题，或供求随着时间的推移完全没有弹性的问题，都与经济分析无关。

正如我们在前几部分中所看到的，拉卡托斯理论在经济问题上的种种应用都遭到了反对。即使硬核的思想被接受，硬核中究竟应该包含哪些内容也并非不言自明。同样存在争议的还有如何定义一个研究纲领的问题：是应像上文中的例【110】子一样，将整个新古典复合体视为一个研究纲领，还是应该将贸易理论、产业经济学这种较小的部分视为一个研究纲领？另一个有趣的事实是，相较于研究纲领中实际发生的变化，拉卡托斯似乎对这些变化的惰性与受到的阻碍做出了更好的解释。

经济学的修辞

在 1983 年一篇题为《经济学的修辞》的著名文章中，唐纳德·麦克洛斯基［Donald McCloskey，现改名为黛尔德拉（Deirdre），生于 1942 年］研究了哪些因素决定了何种经济思想会生根发芽。根据麦克洛斯基的说法，经济学家对科学方法有两种不同的态度，一种是正式公开的，另一种是非正式公开的。经济学家对外公开宣称他们采用的是"科学方法"（scientific method）。"其主导思想在于，所有确定的知识都是效仿20世纪初对19世纪物理学某些片段的理解建立的。"（McCloskey，1983，p. 484）而如今，这种思想在科学哲学家中只得到了有限的支持。由于它在现代经济学家中占主导地位，麦克洛斯基给它贴上了"现代主义"（modernism）的标签。

非正式公开的方法更为隐蔽，但体现在实际研究和学者对不同问题的态度上。"任何一位经济学家所相信的，都超过了他所提供的符合现代主义和客观分类的证据所表明的。"（McCloskey，1983，p. 493）。麦克洛斯基所举的例子来自一个对经济学家的调查，在调查中，经济学家被问及关税对总体经济福利的影响，以及为房租设定上限对住房数量和质量的影响等问题。对这些问题的回答，显示出经济学家倾向于"想当然地"认为经济具有某些特征。这种做法不一定是错的，但它表明经济学家在现实中得出的结论要比他们公开宣称的方法所允许的更加广泛。麦克洛斯基还表明，即使在更具技术性的分析中，与公开宣称的方法无关的信念也发挥着重要作用。他的结论并不是应当在研究中拒绝这类信念、论点或修辞（rhetoric），而是应该将它们揭示出来，用文学批评的方法进行研究。麦克洛斯基的态度让人想起缪尔达尔坚持的主张，即研究者应该明确地表明自己的价值观（见第四章）。

其他经济思想史

不可否认的是，这本经济思想简史也受到了我们自身价值观和信念的影响。尽管本书试图对最重要的思想进行不偏不倚的概述，但我们必须有所取舍，强调一些观点而省略其他观点。这一点最明显地体现在每一章开头的谱系图中。其中，我们试图用一些标签和线条来说明不同思想家和学派之间的联系和争论，以及概念随着时间推移的演变。而其他经济思想史学家画出的线条、讲述的故事，至少在某种程度上是与本书不同的。从每章末尾的参考文献中可以明显看出，我们借鉴了其他人讲述的经济思想史。作为本书的结尾，我们应该对其中一些有用的信息来源进行评论。在这些文献中，大部分是篇幅更长的著作，提供的细节比本书丰富许多。

应该指出，我们以下推荐的可供进一步参考的文献数量十分有限，其中每个文献都代表了一种不同的体裁，而且仅限于英文材料。除此之外，还有很多教材及其他资料来源。许多用其他语言、其他文化视角写作的经济思想史也十分精彩。特别是以西班牙文、法文、日文、德文和意大利文写就的材料，它们不但篇幅可观，而且拥有深厚的经济思想传统和丰富的经济思想史文献。

一部值得阅读的经典著作是熊彼特的《经济分析史》（1954 年），主要是因为它拥有丰富的细节，而且包含来自众多不同语言的文献。这部约有 1200 页（用小号字印刷）的未完成作品，对截至 20 世纪中叶的经济学发展进行了精湛的叙述。除了介绍各个学派和思想家，并对其思想进行批判性考察外，熊彼特还针对"真实的历史"和分析的方法提供了有价值的反思。

另一部经典是马克·布劳格（Mark Blaug）的《经济理论的回顾》（1962 年第 1 版，1997 年第 5 版）。该书约有 750 页，包含了许多有用的图解，对以往的经济思想进行了尖锐

【111】

而诙谐的分析性重建。该书关于古典政治经济学的部分尤为精彩——布劳格称将该书"献给我的儿子，大卫·李嘉图"①并非没有道理。

还有许多经济学特殊领域的思想史。在宏观经济学领域，布赖恩·斯诺登（Brian Snowdon）和霍华德·文（Howard Vane）的《现代宏观经济学：起源、发展和现状》（2005年）是一个很好的例子。除了介绍不同流派及其研究路线外，该书约800页的篇幅中还包含了对各学派主要代表人物的有趣采访，以及对相关文献的全面总结。

《新帕尔格雷夫经济学大辞典》（2008年，可在线查阅）是一部历史导向性的百科全书，其中关于思想家、学派和经济学概念的词条很有价值。在互联网上，一个百科全书式的资料来源是"经济思想史网站"（History of Economic Thought Website），该网站原先属于纽约社会研究新学院（现已迁移至德里大学图书馆系统的一个网址）。尽管它并不完整，而且似乎已经停止了更新，但其中仍包含一些有价值的关于思想流派的个人词条和文章。

"读本"（reading）是经济思想史的另一种体裁。对于那些无法直接阅读原始文本的人来说，将经济学领域最重要的文本精选出来，并附上导读，可能会使他们受益。一部代表性的读本是《经济思想史读本》（2003年），这本覆盖面广泛的著作约有660页，其主编为斯蒂夫·梅德玛（Steven Medema）和沃伦·塞缪尔斯（Warren Samuels）。【112】

但是，我们仍需指出，如果读者对研究过去的或现在的

---

① 布劳格博士论文研究的是李嘉图的经济学，在写完博士论文后的一个月左右儿子出生了，便给儿子取名"大卫·李嘉图"。——译名注

经济理论真正感兴趣，没有什么可以代替阅读（并尝试理解）原著的过程。

参考文献

［1］Blaug，Mark（1997）*Economic Theory in Retrospect*，5th ed. Cambridge：Cambridge University Press.

［2］Kuhn，Thomas S. （1970）*The Structure of Scientific Revolutions*（2nd ed.）. Chicago，IL：University of Chicago Press.

［3］Lakatos，Imre（1970）Falsification and the Methodology of Scientific Research Programmes. In Lakatos，Imre and Musgrave，Alan（eds），*Criticism and the Growth of Knowledge.* Cambridge：Cambridge University Press.

［4］McCloskey，Donald N. （1983）The Rhetoric of Economics. *Journal of Economic Literature* 21：481 – 517.

［5］Medema，Steven and Samuels，Warren（eds）（2003）*The History of Economic Thought：A Reader.* London：Routledge.

［6］Remenyi，Joseph（1979）Core Demi-Core Interaction：Toward a General Theory of Disciplinary and Subdisciplinary Growth，*History of Political Economy* 11：30 – 63.

［7］Schumpeter，Joseph A. （1954）*History of Economic Analysis.* Oxford：Oxford University Press.

［8］Snowdon，Brian and Vane，Howard（2005）*Modern Macroeconomics：Its Origins，Development and Current State.* Cheltenham：Edward Elgar.

［9］*The New Palgrave Dictionary of Economics*（2008）8 vols. ，ed. by Durlauf，Steven N. and Blume，Lawrence E. London：Palgrave Macmillan.

索引

---

① 本索引中所列的页码为英文原书页码，即本书边码。——译者注

译后记

本书翻译是笔者七八年经济思想史教学的一个副产品。在"经济学说史"本科课程中，笔者曾将本书作为学生翻译研读和课堂展示的材料。在此要向我的这些学生们表示感谢，他们认真完成的作业和优秀的表现，使我对本书的学习不断深入。

熊多多同学是这些学生当中对经济思想史最富热忱也最具天分的研究者。最终，我决定带着她合作翻译本书，权当自己经济思想史学科教学和人才培养的一个成果吧！她的严谨和专业果然没有让我失望，相信她未来在经济思想史的求学路上一定可以走得很远。

我们经济思想史专业的硕士和博士生们，以及我们经济思想史读书会的成员们，在本书翻译过程中提供了各种力所能及的帮助和建议，在此尤其感谢柴乐毅、李家瑞、任维伟、郝杰、兰无双、张真、陈青波、孙钰祺、刘洪飞、罗震宇、邢真伊和吕新如。

翻译是一项大大助力教学科研的工作，当然也是一份具有挑战性的工作。本书作者特劳特温、桑德林教授大力支持，不仅撰写了中文版序，而且提供了内容更新。我的恩师贾根良教授、导师韦森教授和赖建诚教授言传身教，为我辈树立了榜样。还有许多学界前辈的优秀翻译成果，为本书翻译提供了重要参考（部分已在正文脚注中注明），在此一并表示深深的感谢。

还要感谢我的工作单位中国人民大学对经济思想史这一

冷门学科所给予的宝贵支持，感谢我所在的经济学院为我的教学和科研提供了一个难得的宽松和包容的环境，尤其是感谢中国人民大学中国经济史研究中心、中国人民大学本科教育教学改革项目"中国特色经济学知识体系与学科体系互构研究"（JYXM202244）和"123"金课建设项目（专业核心课"经济学说史"）对本书翻译工作提供的资助和支持。

最后感谢社会科学文献出版社编辑陈凤玲、武广汉老师，他们的专业和耐心成全了本书的顺利出版。感谢我的家人，小儿湛儿的降生让本书的翻译变得饶有趣味。希望本书的翻译能够激发我在编写自己的教材的路上大步向前。

李黎力

2022 年 5 月记于北京西二旗

2023 年 3 月改于北京西二旗

凹 阅读

| 独到的视角·独立的思想 |

新政经

保卫《资本论》：经济形态社会理论大纲（修订版） | 许光伟

价值和积累理论 | 孟 捷

利润率的政治经济学 | 孟 捷

数理政治经济学：原理、方法与问题 | 张忠任

价值理论的现代分析 | 藤森赖明

跨越中等收入陷阱：基于政治经济学的路径 | 李梦凡

经济史·经济思想史

殿堂：

  经济学大师的思想 | 布·桑德林 汉斯-米歇尔·特劳特温 理查德·温达克

世界可持续发展历史轨迹：人物与思想 | 黄 晶 等

点债成金：私人信用下的中国近代企业资本 | 张 跃

近代中国商道列传 | 刘威汉

现代金融创新史：从大萧条到美丽新世界 | 辛乔利

债务与国家的崛起：西方民主制度的金融起源 | 詹姆斯·麦克唐纳

美国经济评论百年经典论文 | 美国经济学会

战略简史：引领企业竞争的思想进化论 | 沃尔特·基希勒三世

改革之路：我们的四十年 | 王小鲁

由是之路：我经历的五十年企业变革 | 朱 焘

凹 阅读

| 独到的视角 · 独立的思想 |

中日货币战争史（1906－945）| 燕红忠

货币常识：历史与逻辑 | 李义奇

量化经济史：统计的作用 | 乔舒亚 · L. 罗森布卢姆

献给历史学家的量化方法 | 罗德里克 · 弗劳德

饥饿的爱尔兰：1800－1850 年历史解读 | 乔尔 · 莫克尔

经济史中的大数据：研究方法和案例 | 马克 · 卡森尼格尔 · 哈希姆扎德

寻找"瓦尔登湖"：借自然之利恢复经济弹性 | 鲍勃 · 威廉姆斯

癫狂与理智：你不得不知的世界金融史 | 张志前

近世中国租佃制度：地权逻辑下的博弈与制衡 | 彭　波

民国中产阶级账本：体面地用好每一文钱 | 黄英伟　袁为鹏

社会资本与近代企业发展：以中兴煤矿为中心 | 范矿生

近代中国传统经济思想现代化研究：

　　以民生经济学为例（1840－1949）| 熊金武

中国古代经济改革家：镜鉴兴衰三千年（修订本）| 吴　慧

明清海盗（海商）的兴衰：基于全球经济发展的视角 | 王　涛

朝贡贸易与仗剑经商：全球经济视角下的明清外贸政策 | 骆昭东

19 世纪槟城华商五大姓的崛起与没落 | 黄裕端

沉船、瓷器与海上丝绸之路 | 刘淼胡舒扬

从传统到现代：中国信贷风控的制度与文化 | 徐　华

英国金融组织变迁 | 马金华

图书在版编目（CIP）数据

殿堂：经济学大师的思想／（瑞典）布·桑德林
（Bo Sandelin），（德）汉斯－米歇尔·特劳特温
（Hans-Michael Trautwein），（德）理查德·温达克
（Richard Wundrak）著；李黎力，熊多多译. -- 北京：
社会科学文献出版社，2023.4

书名原文：A Short History of Economic Thought

ISBN 978 - 7 - 5228 - 0529 - 0

Ⅰ.①殿…　Ⅱ.①布…　②汉…　③理…　④李…　⑤熊
…　Ⅲ.①经济思想史－世界　Ⅳ.①F091

中国版本图书馆 CIP 数据核字（2022）第 143130 号

殿堂：经济学大师的思想

著　　者／〔瑞典〕布·桑德林（Bo Sandelin）　〔德〕汉斯－米歇尔·特劳
特温（Hans-Michael Trautwein）　〔德〕理查德·温达克（Richard
Wundrak）
译　　者／李黎力　熊多多

出 版 人／王利民
责任编辑／陈凤玲　武广汉
责任印制／王京美

出　　版／社会科学文献出版社·经济与管理分社（010）59367226
地址：北京市北三环中路甲 29 号院华龙大厦　邮编：100029
网址：www.ssap.com.cn
发　　行／社会科学文献出版社（010）59367028
印　　装／三河市龙林印务有限公司

规　　格／开　本：889mm × 1194mm　1/32
印　张：7　字　数：152 千字
版　　次／2023 年 4 月第 1 版　2023 年 4 月第 1 次印刷
书　　号／ISBN 978 - 7 - 5228 - 0529 - 0
著作权合同
登 记 号／图字 01 - 2020 - 5432 号
定　　价／69.00 元

读者服务电话：4008918866